AF309276

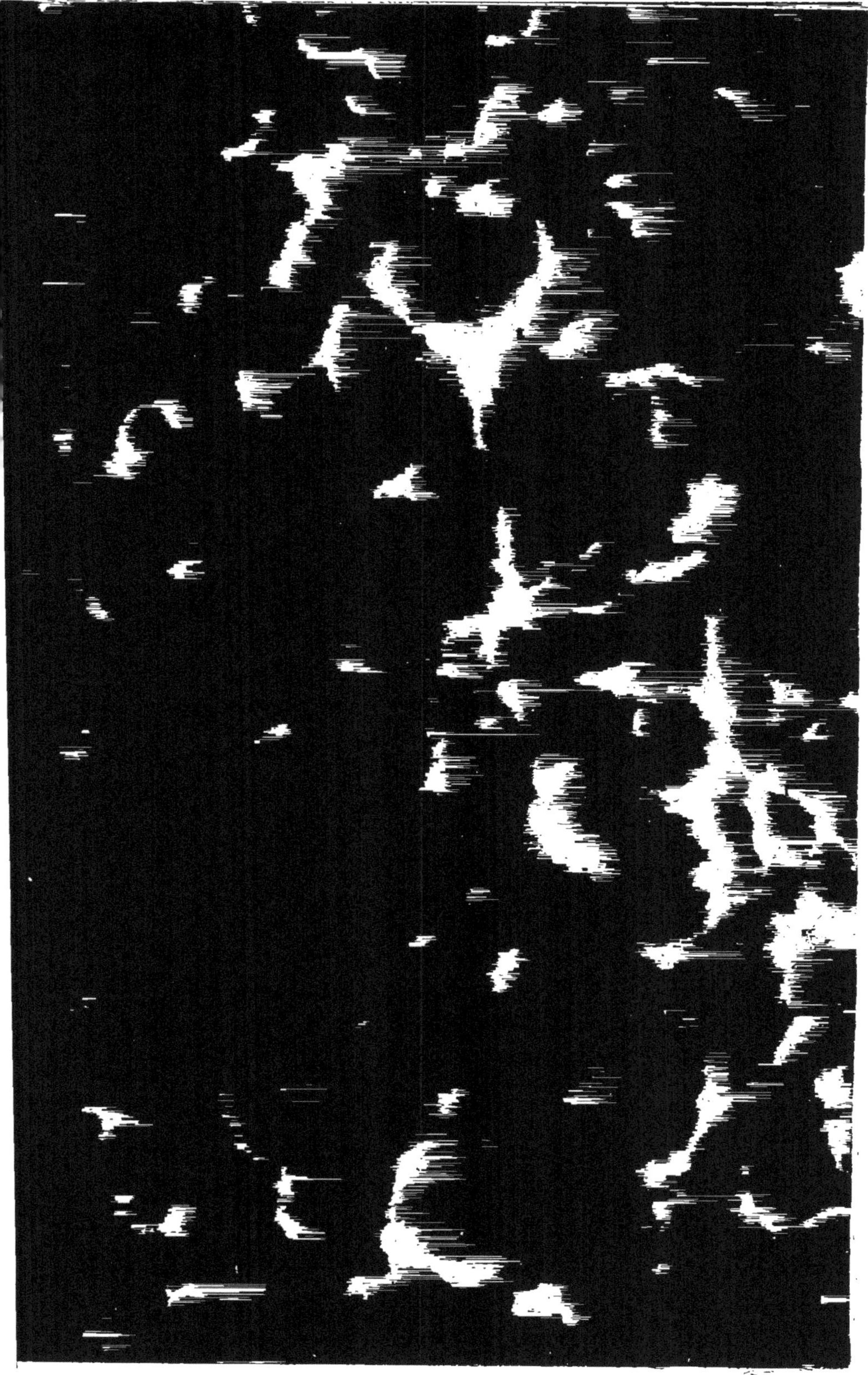

RANDEYNES & PILS

NOTICE BIOGRAPHIQUE

SUR

M. L'ABBÉ J.-B. BONNET

ANCIEN CURÉ DE MONTIGNY-AUX-AMOGNES,

D'URZY

ET DE MAGNY-LORNES.

Advenial regnum tuum !

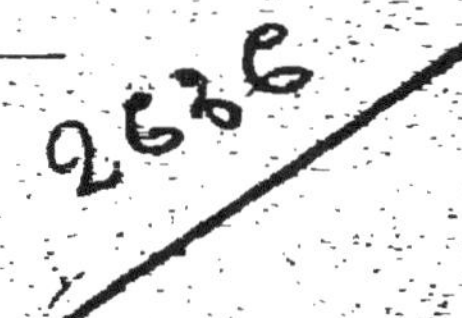

NEVERS,

IMPRIMERIE FAY, G. VALLIÈRE, SUCCESSEUR,

Place de la Halle et rue du Rempart, 2.

1881

NOTICE BIOGRAPHIQUE

SUR

M. L'ABBÉ J.-B. BONNET.

✝

NOTICE BIOGRAPHIQUE

SUR

M. L'ABBÉ J.-B. BONNET

ANCIEN CURÉ DE MONTIGNY-AUX-AMOGNES,

D'URZY

ET DE MAGNY-LORMES.

———

Adveniat regnum tuum !

———

NEVERS,

IMPRIMERIE FAY, G. VALLIÈRE, SUCCESSEUR,

Place de la Halle et rue du Rempart, 2.

1881

APPROBATION.

Nevers, le 1er avril 1881.

Monsieur le Curé,

Tous ceux qui ont connu, admiré et aimé le très-digne et très-regretté M. l'abbé J.-B. Bonnet, votre oncle, liront avec bonheur les lignes que vous consacrez à rappeler le souvenir de ses œuvres et de ses vertus. Inspirée par l'amour filial et écrite en vue de l'édification commune, votre notice sera, je n'en doute pas, pour ses lecteurs, un encouragement au bien et une source féconde de bonnes et saintes résolutions.

Je vous envoie donc de grand cœur mon approbation et ma bénédiction, avec l'assurance de mes sentiments dévoués en Notre-Seigneur.

† ÉTIENNE,

Év. de Nevers.

A LA MÉMOIRE BÉNIÉ

DE

MON ONCLE BIEN-AIMÉ.

Le 15 août 1880, fête de l'Assomption de la bienheureuse vierge Marie, — à l'heure de vêpres, — dans un pauvre presbytère de campagne, s'endormait doucement dans le Seigneur un prêtre selon le cœur de Dieu.

Il était dans la soixante-dix-huitième année de son âge et la quarante-huitième de sa vie sacerdotale.

Toute sa vie fut humble.

Elle s'écoula sans bruit sous le regard de Dieu et de ses anges. A l'exemple de son divin Maître, le bon Pasteur, il

1

passa sur la terre en faisant le bien, mais il le fit toujours sans éclat.

Pourquoi donc parler de ce prêtre ?

Pourquoi révéler des secrets qui auraient dû, peut-être, rester ensevelis dans la tombe ? Pourquoi lever le voile étendu sur cette vie cachée ?

Ne vaudrait-il pas mieux garder le silence ?

Peut-être.

Mais nous lisons dans l'Évangile selon saint Matthieu (v. 6) : « Que votre » lumière luise en présence des hom- » mes, afin qu'ils voient vos bonnes » œuvres et qu'ils glorifient votre Père » qui est dans les cieux. »

D'autre part, les nombreux amis de notre cher défunt attendent une notice qui fasse revivre ses traits bien-aimés.

« Il serait à désirer, » écrit l'un d'eux, « que nous eussions un récit de la vie » de M. l'abbé Bonnet. Rien ne saurait » être plus édifiant et plus utile. »

C'est donc à la gloire de Celui qui est

« admirable en ses saints », pour la joie et l'édification des âmes, pour la consolation de tous les amis du prêtre vénéré que nous pleurons, que nous commençons, à genoux auprès de sa tombe chérie, cet humble travail.

C'est bien à nous, sans doute, qu'il appartient de payer cette dette du cœur.

Mais, pour parler dignement d'un saint, il faudrait être saint soi-même...

Si, malgré ma profonde indignité, vous permettez que je parle de vous, inspirez-moi ce qu'il faut dire de vous, ô mon oncle bien-aimé !

CHAPITRE IER

LE VILLAGE D'ARRINGETTE. — UNE FAMILLE CHRÉ-
TIENNE. — NAISSANCE DE JEAN-BAPTISTE BONNET.
— SA PREMIÈRE ENFANCE.

> *Generatio rectorum benedicetur.*
> La race des justes sera bénie.
>
> (Ps. cxi, 2.)
>
> *Multi in nativitate ejus gaudebunt.*
> Beaucoup se réjouiront à sa naissance.
>
> (Luc, i, 14.)
>
> *Quis, putas, puer iste erit ?*
> Que pensez-vous que sera cet enfant?
>
> (Luc, i, 66.)

Dans un des sites les plus pittoresques du
Morvand, à dix kilomètres environ de la ville de
Château-Chinon, sur le plateau d'une montagne
herbeuse, est situé un village d'assez bonne appa-
rence. Une cinquantaine de maisons sont groupées
autour d'une vieille église, une vingtaine d'autres

s'étagent agréablement sur le penchant de la colline.

C'est Chaumard, une des paroisses les plus religieuses des environs.

Au bas de la montagne court, sur un lit de sable fin ou de roches polies, toujours capricieuse et vive, la belle et poissonneuse rivière d'Yonne. Avec elle s'enfuit au loin une coulée de prés, verts comme l'émeraude, avec ses réseaux de ruisselets miroitant au soleil.

En face du bourg, sur le coteau d'une autre montagne, on devine, à moitié caché dans les arbres, un groupe de maisons, la plupart couvertes de chaume. Ce n'est qu'un tout petit hameau, comme son nom semble l'indiquer : il s'appelle *Arringette*.

C'est là, dans une des plus pauvres maisons, que vivait, au commencement de notre siècle, une de ces honnêtes familles de cultivateurs dans lesquelles se sont perpétuées les traditions du travail et de la prière : Jean Bonnet et Marie-Thérèse Bruandet, le père et la mère de celui qui nous occupe. Ils vivaient modestement du produit de quelques petits champs.

Jean Bonnet avait aussi un métier. Quand le travail des champs était fini, dans la saison morte, ou encore lorsque le temps ne permettait pas de travailler au dehors, Jean Bonnet tissait la toile.

De son côté, Marie Bruandet s'occupait activement aux travaux du ménage : toute sa vie fut laborieuse.

Par dessus toutes choses, les deux époux craignaient Dieu, observaient sa loi sainte, édifiant le voisinage par leur vie chrétienne, l'ordre et la tranquillité de leur ménage.

On n'ignorait point, dans le village, que les pauvres, qui se plaisaient à leur demander l'hospitalité, étaient toujours les bienvenus.

Le ciel devait accorder sa bénédiction à ces deux justes.

Le 18 mai 1803 fut un de ces jours heureux.

Ce jour-là naquit l'enfant dont nous commençons à parler (1).

Il reçut les prénoms de Jean-Baptiste, et eut le bonheur d'être baptisté, le jour même de sa naissance, par un confesseur de la foi, le vénérable M. Gagneau, curé de Chaumard.

Il eut pour parrain son grand-père, Jean-Gabriel Bruandet, et pour marraine Anne Goussot, sa grand'mère.

« Beaucoup se réjouiront à sa naissance, » avait

---

(1) Il fut l'aîné de deux autres enfants qui vinrent plus tard augmenter la petite famille : Dominique Bonnet et Louise Bonnet.

annoncé au grand-prêtre Zacharie l'ange qui lui prédisait le saint Précurseur !

La joie fut grande aussi sous l'humble toit de chaume d'Arringette, mais les anges du ciel surtout durent se réjouir. Les célestes phalanges durent entourer joyeuses le berceau du nouveau-né qui devait un jour, lui aussi, « préparer les voies » du Seigneur; » et, si quelqu'un de la parenté eût demandé : « Que pensez-vous que sera cet enfant? » son ange gardien radieux aurait pu répondre : *Erit magnus coram Domino* (1). « Ce petit enfant » sera grand devant le Seigneur. Il sera un jour » un apôtre, un prêtre selon le cœur de Dieu ! »

L'heureuse mère ne remit point à des mains étrangères le précieux dépôt que le bon Dieu lui confiait; elle n'en eut pas même la pensée. C'est elle-même qui enveloppa de langes son premier-né; c'est elle aussi qui voulut le nourrir de son lait. Elle garda donc son cher enfant sur son chaste cœur, et ce fut là que Jean-Baptiste goûta ce que saint Augustin appelle si bien « les délices du lait » maternel ».

Avec ce lait qui fortifie le corps, la mère chrétienne tirait de son cœur et faisait boire à son cher enfant le lait spirituel qui entretient

____

(1) Luc, 1, 15.

l'innocence de l'âme dans toute sa grâce et toute sa fraîcheur : elle lui fit boire le nom suave et le doux amour de Jésus-Christ.

*
* *

L'un des historiens de saint François de Sales fait ainsi le portrait de son enfance :

« Cet admirable enfant, » dit-il, « donna, dès la
» mamelle, des excellents indices de ce qu'il serait
» un jour. Il y en a qui, pendillants encore à la
» poupette, commencent désià à regarder de tra-
» vers, grondent, sont inquiets, trépignent des
» pieds, frappent de leurs petits poings l'aimable
» sein de leur nourrice. Mais ce bénin enfant,
» dès ses premiers jours, parut quasi comme un
» sanctifié, portant quant à soi les marques de
» toute bonté..... Avant que d'avoir la langue
» desnouée, il parlait désia distinctement par les
» belles démonstrations de ses innocents dépor-
» tements. Son petit maintien était si modeste
» que rien plus il semblait un petit ange (1). »

---

(1) *Vie de saint François de Sales*, par M. Loyau d'Amboise.

1.

Cette naïve et charmante peinture convient aussi à notre aimable enfant dont le caractère distinctif sera, toute sa vie, la douceur, la bonté, la mansuétude.

***

Le petit Jean-Baptiste n'avait pas encore deux ans qu'il savait mettre ses petites mains dans les mains de sa mère, et bégayer avec elle les saints noms de Jésus et de Marie.

Ah ! que la mère chrétienne n'oublie pas son beau rôle, sa vocation sainte ; qu'elle sache que, dans l'éducation de ses enfants, elle aura la puissance des anges, à condition d'en avoir la patience, la fidélité, la délicatesse, le vigilant amour, le silence, la continuelle prière.

C'est ainsi que cette pieuse mère avait compris sa mission. Elle savait que Dieu tient à avoir les prémices de ce qu'Il nous donne. Elle ne manqua point d'offrir à Dieu le premier battement du cœur de son cher enfant, sa première pensée et sa première parole.

L'ascendant de la mère sur son enfant éclate avec une force et un charme vraiment ravissants dans la vie des saints. Les héros de l'Évangile, les vaillants athlètes de Jésus-Christ, nos plus pieux et nos plus savants docteurs, ont presque tous vu penchée sur leur berceau une de ces femmes au cœur dévoué, à la foi ardente et généreuse, qui ont le secret d'enfanter deux fois leurs fils : une première fois à la vie temporelle et bientôt après à la vie spirituelle, vie toute d'amour et de sacrifices.

Ainsi en fut-il pour le petit Jean-Baptiste.

Un tel enfant, nourri et élevé par une telle mère, devait être béni du ciel.

Aussi, vivifiée par les rayons de la grâce, sa petite âme s'épanouissait, sous le regard des anges, comme la rose de Jéricho ; son petit corps croissait comme l'olivier fertile des coteaux d'Engaddi, ou mieux encore, à l'exemple du saint Précurseur dont il portait le nom, l'enfant grandissait et son esprit se fortifiait : *Puer autem crescebat et confortabatur spiritu* (1).

---

(1) Luc, I, 80.

CHAPITRE II.

JEAN-BAPTISTE BONNET, BERGER. — SON AMOUR POUR LA PRIÈRE. — SON OBÉISSANCE. — SA COMPASSION POUR LES PAUVRES.

> *Sustulit eum de gregibus ovium.*
> Il l'a pris quand il gardait les brebis.
> (Ps. LXXVII, 70.)
>
> *Dominus respexit in orationem humilium.*
> Le Seigneur est attentif à la prière des humbles. (Ps. CI, 18.)
>
> *Erat subditus illis.*
> Il était soumis à ses parents.
> (Luc, II, 51.)
>
> *Qui autem miseretur pauperis, beatus erit*
> Celui qui prend pitié du pauvre sera heureux. (Prov., XIV, 21.)

Avant d'écrire ces pages, nous avons voulu, — comme préparation, — relire une partie de la vie du saint curé d'Ars.

A part le merveilleux qui éclate dans la vie du

thaumaturge du dix-neuvième siècle , nous avons trouvé de nombreux traits de ressemblance entre celui que le monde entier a connu et vénéré et celui que la voix unanime de ses paroissiens appellera plus tard le nouveau curé d'Ars.

Comme Jean-Baptiste-Marie Vianney, Jean-Baptiste Bonnet dut payer, de bonne heure, sa dette au travail commun. Tous deux commencèrent par garder les troupeaux.

« Il semble, » dit le pieux et savant auteur de la *Vie du curé d'Ars,* « que de tout temps le bon
» Dieu ait eu des tendresses et des préférences
» pour la vie pastorale. Abel était berger. C'est au
» milieu des troupeaux que le Prophète allait
» chercher le vainqueur de Goliath, l'ancêtre
» du Messie, le plus grand et le plus saint roi
» d'Israël. C'est à des gardeurs de troupeaux que
» les anges annoncèrent la naissance du Sau-
» veur ; ils furent appelés à la crèche avant les
» rois.

» Cette adoption des bergers par Celui qui s'est
» appelé le Bon Pasteur, s'est continuée le long
» des siècles chrétiens. Sans parler de l'illustre
» patronne de Paris, de la bienheureuse Germaine
» Cousin et de tant d'autres, pour bien des prédes-
» tinés tels que saint Vincent de Paul et saint Fran-
» çois de Cantalice, la vie pastorale a été l'appren-

» tissage de la vie intérieure et le vestibule de la
» sainteté. »

Le petit Jean-Baptiste fut un de ces élus du
Seigneur.

Il n'avait guère que sept ans quand son père
lui confia la garde d'une douzaine de brebis.

Le petit berger, la houlette à la main, conduisait son blanc troupeau tantôt ici, tantôt là, le
plus souvent sur la pente abrupte de la montagne,
au milieu des vertes bruyères et des genêts odo-
rants ; parfois il le menait dans le creux des
vallons arrosés par les ruisseaux qui babillent à
l'ombre des aunes et des trembles.

Sur la montagne comme dans la vallée, — dans
cette solitude qui incline au recueillement, en
face de ces beaux et vastes horizons qui élèvent
l'âme à Dieu, — pendant que son troupeau tondait
en paix l'herbe tendre ou se reposait à l'ombre, le
petit berger se mettait à genoux, et récitait les
prières que sa mère lui avait apprises.

Il priait Dieu, la sainte Vierge et les saints !...

Plus d'une fois, la bonne mère, qui toujours
veillait sur son petit Jean, le surprit dans cette
humble posture, les mains jointes, priant avec
ferveur.

La pieuse femme s'approchait alors doucement de

son enfant, elle s'agenouillait à ses côtés, et tous deux ils continuaient à répéter la belle prière de Celui qui se cache aux superbes, mais qui prend plaisir à se révéler aux petits et aux humbles.

Souvent aussi quand, après avoir récité ensemble le chapelet, l'aimable visiteuse voulait retourner aux occupations du ménage, son petit Jean la retenait avec ses petites mains, et, avec un accent d'une douceur et d'un charme inexprimables, il lui disait, ses beaux yeux arrêtés dans les siens : « Encore ! maman, encore (1) ! »

La mère cédait alors à l'enfant, et tous deux, sous le regard de Dieu et des anges, recommençaient la belle prière de Jésus : « Notre Père qui » êtes aux cieux, que votre nom soit sanctifié, que » votre règne arrive !..... »

*   *
*

La piété de Jean-Baptiste ne trouvait pas seulement, dans cette vie douce et reposée des champs si favorable à la contemplation, un pur et solide aliment, elle y donna des exemples et préluda ainsi aux saintes fonctions du pasteur des âmes.

---

(1) Ce trait touchant nous a été raconté plusieurs fois par notre chère grand'mère.

Jean-Baptiste, à l'âge de huit ans, était déjà apôtre. Il se plaisait à réunir les enfants de son âge, et, dans son langage enfantin tout empreint déjà de la plus expressive tendresse, il leur parlait de l'amour de Dieu, il leur disait combien il fait bon de prier la bonne sainte Vierge et les beaux saints du paradis !

C'est ainsi que se passèrent les premières années de Jean-Baptiste. Tous ceux qui l'ont connu se plaisent à dire qu'il était, à coup sûr, le plus pieux des enfants du village.

Ici peut trouver place un petit incident qu'il n'est pas inutile de raconter.

La vie de berger a bien son charme et ses avantages, mais elle a ses dangers aussi.

Un jour que notre petit pasteur gardait ses moutons près d'un bois, dans un champ éloigné des maisons, soudain une bête affreuse s'élance, gueule béante, au milieu du troupeau et disperse les timides brebis. C'était un loup, un loup énorme, qui heureusement s'enfuit aux cris poussés par le pauvre petit berger.

« Oh ! que j'eus peur ce jour-là, » racontait-il plus tard. « Je croyais bien que ce vilain loup allait » m'emporter une de mes brebis ! »

« Il aurait bien pu m'emporter aussi, » ajoutait-il.

Cette fois, le berger en fut quitte pour la peur.

Ainsi s'écoulait la vie de Jean - Baptiste aux champs. A la maison, il était le même, aimant par-dessus tout la prière et le travail. Il ne quittait point ses parents, leur rendant les petits services que l'on peut rendre à son âge. Mais c'était surtout auprès de sa mère que l'enfant se plaisait ! Il ne voulait point la quitter.

*
* *

La vertu qui convient surtout à l'enfance, c'est l'obéissance. Jean-Baptiste excellait en cette vertu. A l'exemple de Jésus-Enfant, il fut toujours soumis et obéissant à son père et à sa mère.

« O mon cher enfant, » lui disait cinquante ans plus tard l'heureuse mère, « vous avez » toujours fait ma joie et ma consolation ! Jamais » vous ne m'avez désobéi. »

On ne saurait dire combien ce témoignage maternel était précieux au cœur du fils. Il se plaisait lui-même à le redire :

« C'est vrai, ma chère mère, je ne me sou- » viens pas de vous avoir désobéi une seule fois. »

Sa charité et sa compassion pour les pauvres étaient remarquables. Dès qu'il en apercevait un dans le village, vite le généreux enfant courait au-devant de lui, il lui tendait ses petites mains,

palmas suas extendit ad pauperem (1), et le conduisait à sa mère.

Nous avons vu déjà que la maison des Bonnet,
quoique pauvre, était l'asile ouvert à tous les
malheureux. Il n'était pas rare qu'elle en reçût
une dizaine à la fois. Cette famille de paysans
chrétiens savait mettre en pratique le conseil de
Tobie : *Ex substantia tua fac eleemosynam, et noli
avertere faciem tuam ab ullo paupere* (2) : « Fais
» l'aumône de tes biens et ne détourne jamais les
» yeux d'aucun pauvre. »

Les Bonnet possédaient peu, mais toujours ils
partageaient ce peu de bon cœur. De leur côté,
les pauvres reconnaissants ne se retiraient jamais
sans demander pour leurs charitables hôtes les
bénédictions de Celui qui a dit :

« En vérité, ce que vous avez fait à l'un de
» ces petits, c'est à Moi-même que vous l'avez
» fait (3). »

---

(1) Prov., xxxi, 20.
(2) Tobie, iv, 7.
(3) Matth., xxv, 40.

CHAPITRE III.

LE CONFESSEUR DE LA FOI. — JEAN-BAPTISTE
BONNET AU CATÉCHISME. — SA PREMIÈRE COMMU-
NION.

> *Docebo vos viam bonam et rectam.*
> Je vous enseignerai la voie bonne
> et droite. (I Reg., xii, 23.)
>
> *Sinite parvulos venire ad me.*
> Laissez venir à moi les petits enfants.
> (Marc, x, 14.)

Au commencement de ce chapitre, il ne sera
pas inutile d'arrêter un instant nos regards sur
les traits vénérés du prêtre que la divine Providence avait placé à la tête de la paroisse de Chaumard.

Nous avons déjà nommé M. l'abbé Gagneau.
C'était alors un vieillard presque octogénaire. Sa
douceur, sa bonté, sa charité, la longue pratique
de toutes les vertus sacerdotales l'avaient fait

aimer et vénérer de tous. Il gouvernait sagement sa paroisse depuis de nombreuses années.

Quand vint la révolution de 93, le pasteur avait été obligé, pour sauver ses jours, d'abandonner un moment son cher troupeau. Il s'était réfugié dans une caverne, au milieu des rochers, loin de l'habitation des hommes, devenus dangereux. C'est là qu'une vieille gouvernante lui portait furtivement, et à la faveur des ténèbres, les choses nécessaires à la vie.

Quand la terrible tourmente qui ravagea la France fut passée, quand Dieu se fut enfin levé pour juger sa cause, dès que les églises fermées furent ouvertes, alors, les prêtres proscrits se hâtèrent de rentrer dans leurs paroisses, et déjà les fidèles, unissant leurs voix à celle de leurs pasteurs, avaient répété joyeux, dans la langue des Prophètes, ces chants de triomphe destinés à convaincre d'impuissance les persécuteurs de tous les siècles :

Quare fremuerunt gentes, et populi meditati sunt inania?... Qui habitat in cælis irridebit eos : et Dominus subsannabit eos (1) !

« Pourquoi les nations ont-elles frémi et les
» peuples ont-ils médité de vains projets ?... Celui

---

(1) Ps, ii, 1, 4.

» qui habite dans les cieux se rira d'eux et le
» Seigneur s'en moquera. »

M. l'abbé Gagneau était un de ces vaillants
prêtres restés fidèles à Dieu et à la religion. Aussi,
quand il revint dans sa chère paroisse, le troupeau fidèle accourut avec joie se ranger aux pieds
du bon pasteur.

M. Gagneau était de retour à Chaumard dès
l'année 1802. Ce fut lui, nous l'avons vu, qui
baptisa le petit Jean-Baptiste.

Depuis son arrivée au milieu des siens, le confesseur de la foi s'efforçait de réparer les ruines
du passé en instruisant soigneusement ses ouailles
et en leur donnant, ce qui vaut mieux encore que
la prédication, l'exemple de toutes les vertus.

Persuadé que la foi, pour demeurer solide,
doit être éclairée, le pasteur appliqua son zèle à
l'instruction religieuse des enfants. Il organisa
des catéchismes ; ses recommandations transfor-
mèrent chaque maison en sanctuaire, où les
enfants recevaient de la bouche de leurs parents
les éléments de la doctrine chrétienne ; il achevait
ensuite à l'église ce qui avait été commencé au
foyer de la famille.

Parmi ses paroissiens dociles, les Bonnet ne
furent point les derniers à suivre les conseils du
saint curé. La mère de Jean-Baptiste se fit catéchiste, et son petit Jean fut bientôt à même de

répondre, à peu près sans faute, à toutes les questions du Catéchisme. Ce petit livre du chrétien était, dans ces temps de foi, soigneusement enseigné à l'école où Jean-Baptiste avait appris à lire.

A l'église, le curé le distingua bientôt parmi les autres enfants. Sa docilité, sa bonne tenue et par-dessus tout sa piété avaient attiré les regards du pasteur.

De son côté, l'élève aimait et vénérait son maître.

Il y a, dit-on, une attraction des âmes, comme il y a une attraction des corps. Des rapports intimes ne tardèrent point à s'établir entre le père et l'enfant.

Le pieux auteur de la *Vie du curé d'Ars* rapporte le même fait :

« Le spectacle du prêtre à l'autel avait fait, » dit-il, « une grande impression sur l'esprit du » jeune Vianney, et le premier effet fut de rani- » mer dans son cœur l'étincelle que la grâce y » avait allumée depuis longtemps. »

Ce passage semble avoir été écrit aussi pour celui dont nous racontons la vie.

Aucun indice n'avait encore trahi sa pensée. Plusieurs années devaient encore s'écouler avant que la flamme parût au dehors, mais le feu sacré était allumé dans le sanctuaire de son âme !

L'abbé Gagneau avait-il deviné que, sur cette plante frêle et délicate, devait un jour s'épanouir une fleur sacerdotale? Nous ne savons. Mais le saint prêtre avait certainement une prédilection marquée pour ce petit élu du Seigneur. Il aimait à le voir à ses côtés; au catéchisme, en particulier, il se plaisait à interroger plus souvent que les autres son petit Jean qui, presque toujours, répondait juste.

*
* *

Nous sommes arrivés au mois de juin de l'année 1813. Le petit écolier avait dix ans accomplis.

L'époque solennelle de la première communion approchait.

Jean-Baptiste n'ayant assisté qu'un an au catéchisme ne devait point, ce semble, être admis cette même année. Ainsi l'avait-il compris lui-même. Un jour, l'enfant dit à sa mère qu'il n'irait plus au catéchisme parce qu'il n'avait pas l'âge pour communier. La mère comprit comme son enfant, et ne fit aucune observation.

Le lendemain, le curé de Chaumard fit son catéchisme, comme d'habitude. Il fut surpris de n'y point voir son petit Jean, d'ordinaire si assidu. — Quelle était la cause de cette absence? — Personne ne put le lui dire.

2

Le bon père voulut lui-même aller s'informer de son cher enfant.

Quand vint le soir, avant que le soleil n'eût disparu à l'horizon, le vieillard prit *sa houlette* pour soutenir ses pas chancelants. Il quitta son presbytère et se dirigea vers le village d'Arringette.

Ce jour-là, le pasteur ne s'arrêta point, selon son habitude, sur le seuil des chaumières,

A la femme, aux enfants disant un mot d'accueil,

non, il paraissait tout préoccupé.

Il alla droit à la maison des Bonnet.

— Où est donc mon petit Jean ? dit le vénérable prêtre en entrant.

— Ah ! voici Monsieur le Curé, — s'écria la bonne mère Bonnet qui ne s'attendait point à cette visite.

— Eh bien, mon petit Jean, où est-il donc ? Je ne l'ai pas vu, ce matin, au catéchisme..... Ne serait-il pas malade ?

— Oh ! non, je vous remercie, Monsieur le Curé ; il est là, dans le champ, à côté.

— Pourquoi ne l'as-tu donc pas envoyé ce matin ? (Le bon père tutoyait tous ses enfants.)

— C'est qu'il m'a dit, Monsieur le Curé, que vous alliez bientôt trier les enfants qui doivent faire leur première communion ; et, comme il n'a pas l'âge pour être admis, il s'est retiré de lui-même.

— Ah ! je comprends ! Eh bien, c'est précisément parce que je veux, moi, lui faire faire sa première communion que je suis venu ce soir. Tu entends, tu ne manqueras pas de le renvoyer demain au catéchisme et désormais tous les jours.

— Mais, Monsieur le Curé, objecta humblement la bonne mère, il n'a vraiment pas l'âge, et puis, il est si petit !

— Allons ! allons ! je réponds de tout. Ne va pas me faire de la peine! Je veux faire faire la première communion à cet enfant-là, entends-tu.

Puis, après quelques moments de silence, le confesseur de la foi leva les yeux au ciel et il ajouta, plus bas, avec un accent qui semblait inspiré :

— Vois-tu, c'est la dernière fois que je fais faire une première communion, et voilà pourquoi je tiens à faire communier mon petit Jean !.....

— Oh ! Monsieur le Curé, dit la pieuse femme, que le bon Dieu et la sainte Vierge vous conservent longtemps ! Puis elle remercia le bon curé et promit de lui renvoyer dès le lendemain son cher enfant.

Le vieillard à cheveux blancs n'en demanda

pas davantage. Il reprit le sentier de la montagne et rentra joyeux à son presbytère, content comme le pasteur qui a retrouvé son petit agneau.

****

Il est facile de deviner comment Jean-Baptiste se prépara à l'action la plus importante d'un enfant. Il redoubla de bonne volonté, sa piété fut encore plus tendre, il s'attacha à mieux remplir tous ses devoirs ; à l'école il fut plus studieux, chez ses parents plus docile et plus respectueux encore, aux champs plus attentif à surveiller ses brebis.

Quand vinrent les jours précieux de la retraite, il se distingua, entre tous, par son recueillement et son amour pour la prière. Il fit, avec le plus grand soin, la confession générale de tous ses péchés.

L'aurore du grand jour parut.

Un groupe d'enfants pieux et recueillis vint se ranger devant l'autel, paré de ses plus belles fleurs. Le pasteur revêtit ses plus riches ornements. C'était fête pour la paroisse entière. Les chants d'allégresse éclatèrent sous les voûtes de la vieille église, le père laissa tomber de son cœur des paroles qui firent couler les larmes, et Jésus-Hostie, porté dans les mains tremblantes de cet

autre Siméon, quitta le ciboire pour se reposer
dans le tabernacle qu'il préfère : le cœur pur de
l'enfant.

*   *   *

Nous ignorons la date de ce beau jour. Ce que
nous savons, c'est qu'il fut pour le jeune Jean-
Baptiste un jour de grâces et de bénédictions,
un jour où commença une nouvelle époque de sa
vie.

2.

CHAPITRE IV.

JEAN-BAPTISTE OCCUPÉ A LA CULTURE DES CHAMPS. — SA VOCATION SE RÉVÈLE. — JEAN-BAPTISTE COMMENCE SES ÉTUDES A CHATEAU-CHINON. — L'ÉPREUVE.

> *Ecce odor filii mei sicut odor agri pleni, cui benedixit Dominus.*
>
> Voici que l'odeur de mon fils est semblable à celle d'un champ fertile béni par le Seigneur.
>
> (Genes., xxvii, 27.)
>
> *Quia acceptus eras Deo , necesse fuit ut tentatio probaret te.*
>
> Parce que tu étais agréable à Dieu, il était nécessaire que la tentation t'éprouvât. (Tob., xii, 13.)

On ne peut glisser sur les années qui suivirent la première communion de Jean-Baptiste sans dire un mot des graves événements qui s'accomplissaient alors en France que Dieu continuait à châtier.

Vers la fin de cette même année 1813, l'empereur Napoléon venait d'essuyer en Allemagne un
irréparable désastre à la bataille de Leipzig, où
tous les peuples de l'Europe s'étaient ligués contre
nous. Puis vint la première abdication, suivie des
Cent-Jours, qui amenèrent en 1815, avec la cata-
strophe de Waterloo, la fin de l'Empire et aussi
une nouvelle invasion.

Le Morvand ne fut pas à l'abri des hordes dé-
vastatrices. Les alliés parcouraient les campagnes,
pillant et enlevant de force ce qu'on ne voulait
point leur céder de bon gré.

La maison des Bonnet eut aussi à subir les
exactions de ces farouches soldats. « Un jour, »
racontait plus tard, notre cher curé « il fallut
» bien, pour avoir la paix, leur laisser emporter
» une de mes pauvres brebis ! »

La guerre avait dépeuplé les campagnes. La
France en deuil avait perdu le sang généreux de
ses enfants sur les champs de bataille, les bras
manquaient pour cultiver la terre, et, pour comble
de malheur, à la guerre succéda un autre fléau
non moins terrible : la famine avec toutes ses
horreurs. La mesure de froment valut jusqu'à
24 francs ! On en vint à manger les racines et
l'herbe des champs.

Des troupeaux d'affamés se précipitaient dans
les maisons où ils comptaient trouver quelques

provisions. Jean-Baptiste Bonnet, qui. avait alors de quatorze à quinze ans, racontait plus tard que dans l'hiver on entretenait chez eux un grand feu pour réchauffer les malheureux passants, qui partageaient aussi le repas de famille.

Ces épreuves dont Jean-Baptiste fut témoin, et dont il souffrit lui-même, mûrirent son caractère. A cet âge où on aime à rire, l'adolescent était déjà sérieux et réservé.

Jean-Baptiste, devenu fort, avait quitté la vie de berger pour des travaux plus pénibles : il aidait son père dans la culture de la terre. A l'aurore, au moment où la cloche de l'église sonnait l'*Angelus*, Jean-Baptiste liait ses deux vaches et partait pour labourer. Son frère Dominique l'accompagnait le plus souvent; sa petite sœur Louise avait hérité du troupeau de brebis.

Il est dit dans l'office de saint Félix de Cantalice, dont la fête se célèbre le 21 mai, que ce saint, « né » de parents pauvres mais pieux, fut employé dès » son enfance à garder les troupeaux, puis à cul- » tiver la terre; mais il s'appliquait beaucoup » moins à ces travaux qu'à nourrir son âme par » la méditation des choses célestes, menant plutôt » la vie d'un ermite que celle d'un paysan (1). »

---

(1) Brev. rom.

Cette légende du Bréviaire romain est applicable à celui dont nous racontons la vie.

Son amour pour la prière et ses goûts pour l'étude le poursuivaient jusqu'au milieu de ses occupations champêtres. Le petit laboureur allait aux champs, les poches toujours pleines de livres. Il employait ses moments de repos à lire et à repasser ce qu'il avait appris à l'école.

— Pourquoi es-tu donc toujours dans tes livres? Qu'as-tu donc envie de faire ? lui demanda un jour son frère Dominique.

Jean-Baptiste devait bientôt le lui apprendre.

« Si j'étais prêtre un jour, » disait dans un autre champ le jeune Vianney, « je voudrais gagner » bien des âmes à Dieu (1) ! »

Cette parole s'échappa-t-elle des lèvres de Jean-Baptiste, nous n'en savons rien, mais ce qu'il est permis de dire, c'est que cette pensée se trouvait déjà dans son cœur.

Le moment était venu de révéler le secret.

*
* *

Un soir, les deux frères regagnaient ensemble, en paix, la maison paternelle.

---

(1) *Vie du curé d'Ars.*

Ils traversaient un champ de blé dont les tiges serrées portaient de beaux épis riches de grains et déjà jaunissants. De cette plaine dorée s'exhalait une odeur de fécondité semblable à celle qu'Isaac sentait quand il embrassait Jacob sous les vêtements d'Esaü : *Ecce odor filii mei sicut odor agri pleni, cui benedixit Dominus* (1)...

Jean-Baptiste s'arrêta soudain dans le sentier, puis prenant la main de Dominique :

— Mon frère, lui dit-il, je vais te quitter. C'est toi désormais qui tiendras la charrue.

— Et où veux-tu donc aller, mon pauvre frère ?

La réponse devait être faite, le soir même, en présence des parents.

De retour au logis, Dominique ne manqua pas de rapporter la parole de son frère à sa mère, qui elle-même s'empressa de le raconter à son mari.

Les deux époux réfléchirent ensemble.

Quand le repas du soir fut pris, quand la petite famille eut fait, selon son habitude, la prière en commun, Jean Bonnet voulut avoir une explication plus précise.

— Eh bien, mon père, dit franchement Jean-

____

(1) Genes., XXVII, 27.

Baptiste, si cela ne vous contrarie pas, j'aurais l'intention d'aller faire mes études.

— Et que voudrais-tu donc faire, mon enfant, avec tes études ?

— Je pourrais ensuite entrer chez un notaire pour gagner quelque argent.

— Et après ?...

— Après... (ici le front du bon jeune homme rougit...); il continua d'une voix émue : Après, j'entrerai au séminaire pour devenir prêtre !...

— Oh ! mon enfant, ne pense pas à cela, dit le père Bonnet ; nos moyens, tu le sais bien, ne nous permettent pas de te faire instruire, et puis... te voilà trop vieux pour commencer. (Jean-Baptiste était alors dans sa dix-huitième année.)

— Mon père, répondit respectueusement le docile enfant, la divine Providence vous aidera à tout payer ; quant à mon âge, il est toujours temps de commencer à faire la volonté de Dieu.

Le père garda le silence.

La mère, qui avait tout écouté sans mot dire, parla à son tour :

— Nous ne pouvons point nous opposer aux désirs de notre enfant, mon pauvre Jean ; si c'est la volonté du bon Dieu qu'il fasse ses études, nous devons bien nous garder d'y mettre obstacle. Si le bon Dieu veut que mon petit Jean fasse un prêtre, il nous aidera. En toutes choses, que son saint nom soit loué et béni !

L'affaire était décidée.

Jean-Baptiste allait commencer ses études.

**
* *

Il y avait alors à Château-Chinon une maison d'éducation dirigée par un ancien capitaine en retraite, M. Bourgeois.

On y apprenait le latin jusqu'en quatrième.

Ce fut là que Jean-Baptiste se présenta et fut admis comme pensionnaire à la rentrée. Le prix annuel de la pension était de 450 fr.

L'étude du latin présente, au début, de sérieuses difficultés. Le nouveau venu s'aperçut bientôt que, dans la culture de cet autre jardin, la première rose n'est pas sans épines.

Le travail opiniâtre, dit le poète, triomphe de tout.

Le bon Dieu bénit aussi les efforts et la bonne volonté de l'élève :

« Je ne fus jamais le premier de ma classe, » racontait plus tard le bon curé, « je ne fus jamais » non plus le dernier. Mais comme je bûchais ! »

L'écolier fut un modèle de travail et aussi de

piété ; ses maîtres l'aimaient, ses condisciples le respectaient.

Tout allait donc bien à Château-Chinon. A Arringette, les Bonnet redoublaient d'ardeur au travail pour payer la pension de leur enfant : Jean Bonnet prolongeait ses veillées bien avant dans la nuit, pour ajouter au métier quelques trames de plus.

Le bon Dieu aidant, la pension de Jean-Baptiste fut exactement payée. .

Sa mère elle aussi redoublait d'activité.

C'est elle qui blanchissait et raccommodait le linge de son cher enfant et qui le lui portait elle-même. Comme le trousseau du pensionnaire était peu fourni, la pauvre mère était obligée de faire tous les quinze jours le voyage à la ville.

Dans la belle saison, — c'est elle-même qui le racontait, — quand les chemins étaient bons, elle marchait pieds nus, pour épargner sa chaussure, qu'elle ne reprenait que pour rentrer à la ville !...

En allant comme en revenant, l'heureuse mère avait toujours le cœur plein de son cher enfant ; elle le recommandait au bon Dieu et récitait pour lui le chapelet de la bonne Vierge.

O séminaristes qui peut-être lirez ces pages, aimez et vénérez toujours vos mères !

* *

Le Seigneur se plaît à éprouver ceux qu'il aime.

Après dix-huit mois de laborieuses études, Jean-Baptiste tomba malade : une fièvre lente le minait sourdement.

Un excellent docteur de la ville, aimé et respecté de tous, M. Lecœur, lui donna ses soins, mais sans succès.

Jean-Baptiste Bonnet fut obligé de retourner au village.

Chaumard était alors sans pasteur.

C'était le curé de Corancy, le respectable M. Moret, qui desservait la paroisse. Il connaissait la famille des Bonnet et en particulier Jean-Baptiste. Il fut touché de cette épreuve que la divine Providence envoyait à l'étudiant. Son âme de prêtre avait compris et aimé l'âme du pieux jeune homme. Il voulut le prendre chez lui, dans son presbytère ; et c'est là, grâce aux soins paternels de son hôte, que notre cher malade recouvra bientôt la force et la santé.

La bonne Providence, qui dispose avec une bonté et une sagesse infinies les plus petits événements, avait envoyé, dès le matin, à son élu, cette marque d'affection, — la souffrance, — pour fortifier son âme et la préparer à résister plus tard au poids et à la chaleur du jour.

Nous allons suivre le jeune étudiant au petit, puis bientôt après au grand séminaire de Nevers.

CHAPITRE V.

LE PETIT SÉMINAIRE DE NEVERS. — LE PETIT CAHIER
DE RÉSOLUTIONS. — LE GRAND SÉMINAIRE. —
L'ORDINATION AU SACERDOCE.

> *Justum deduxit (sapientia) per vias rectas, et ostendit illi regnum Dei, et dedit illi scientiam sanctorum.*
>
> La sagesse a conduit le juste par des voies droites, elle lui a montré le royaume de Dieu et lui a donné la science des saints. (Sap., x, 10.)
>
> *Qui regula vivit, Deo vivit.*
>
> Celui qui vit selon la règle, vit selon Dieu. (S. GRÉG. NYSS.)
>
> *Tu es sacerdos in æternum !*
>
> Vous êtes prêtre pour l'éternité.
>
> (Ps. cix, 5.)

Les études régulières de Jean-Baptiste Bonnet avaient été interrompues pendant tout le temps de sa maladie, qui avait duré près de dix-huit mois.

Dans le courant de l'année 1825, il fut présenté au petit séminaire de Nevers.

Avant d'être admis, l'élève de M. Bourgeois dut subir un examen en présence de l'évêque de Nevers, Mgr Millaux, de sainte mémoire. Le prélat ouvrit son bréviaire et lui présenta un passage à traduire. Il paraît que le postulant s'en acquitta assez bien : il fut jugé capable d'entrer au séminaire en quatrième.

Jean-Baptiste Bonnet avait alors vingt-deux ans accomplis.

Nous ne voulons point raconter la vie du séminariste pendant les quatre années qu'il passa au petit séminaire. Tout ce que nous dirons est le résumé de ce qui nous a été répété par ceux qui l'y ont connu :

« Le père Bonnet » (c'est ainsi que ses jeunes condisciples l'appelaient) « fut toujours le mo-
» dèle du séminaire... Sa piété, son amour du
» travail, son respect profond pour ses maîtres,
» sa douceur, son affabilité envers ses condisciples
» ne se démentirent pas un seul jour. »

Sa piété principalement alla toujours croissant. Ce pieux séminariste « avait disposé dans son cœur » ces saintes ascensions » dont parle le Psalmiste, *ascensiones in corde suo disposuit* (1); dans le chemin de la perfection chrétienne, il marcha tou-

____

(1) Psalm., LXXXIII, 6.

jours « de vertu en vertu, » il avança toujours
sans reculer jamais.

En 1829, Jean-Baptiste Bonnet finissait son
année de rhétorique.

Nous avons trouvé parmi ses cahiers, tenus
avec beaucoup de soin, un autre petit livret de
résolutions écrit aussi de sa main, à la suite d'une
retraite qui se fit du 11 au 15 février 1829.

Ces pages, écrites sous le regard de Dieu,
devraient peut-être rester secrètes. L'âme de notre
cher défunt nous pardonnera de les mettre au jour.

En révélant les beaux sentiments qu'elles ren-
ferment, nous n'avons qu'un but, celui d'édifier
ceux qui les liront. Elles nous feront, mieux que
tout le reste, connaître et apprécier le fervent
séminariste.

Nous transcrivons :

» RETRAITE FAITE AU PETIT SÉMINAIRE DE NEVERS

» *Du* 11 *au* 15 *février* 1829.

———

» SENTIMENTS ET RÉSOLUTIONS.

» A. M. D. G.

1°

« Je ne suis au monde que pour me sauver...
» Dieu lui-même ne peut me sauver sans moi...

» Je veux donc me sauver quoi qu'il m'en coûte;
» mon salut fait, j'ai tout fait. Mon salut manqué,
» j'ai tout manqué, j'ai tout perdu et sans res-
» source. Si je perds mon âme, avec quoi la rachè-
» terai-je ?...

» Malheureux donc de m'être si peu occupé
» jusqu'ici de mon salut éternel !... »

2°

« Grâce sanctifiante, amitié de Dieu, que j'ai
» jusqu'à présent peu connu ce que vous valez !
» Que j'aurais gagné à mourir plutôt que de vous
» perdre !

» Jésus-Christ qui m'a racheté au prix de son
» sang ne m'aura-t-il pas ? Sera-t-il vrai de dire
» que le démon aura été plus puissant pour me
» perdre que Dieu pour me sauver ?

» Non, je ne ferai pas à mon Rédempteur
» l'injustice de lui enlever mon âme qui lui a
» coûté si cher. »

3°

« Dieu ou le démon ! Je sais maintenant lequel
» de ces deux maîtres je veux servir.

» Dieu ou le démon ! Où était et où serait ma
» raison d'abandonner le premier pour m'attacher
» au second ? »

4°

« Je mourrai, Dieu lui-même m'a condamné
» à mourir. Aujourd'hui sur la terre, demain
» peut-être dans l'éternité. Je mourrai, et à la
» mort il ne me restera de ce que j'aurai été que
» mes bonnes et mes mauvaises actions... A la
» mort, que penserai-je de cette vie et de tout ce
» que j'y vois ! de l'éternité et de ce qui m'y
» attend ? .. A la mort, à la mort, comment vou-
» drais-je avoir vécu ?... quel état voudrai-je avoir
» embrassé ?

» O mort que tes avis sont sages !... Je te con-
» sulterai plus souvent que je n'ai fait. *Quid hoc*
» *ad æternitatem? Si modo moriturus esses, hoc*
» *faceres.* »

5°

« Levez-vous, morts, et venez au jugement...
» J'entendrai au dernier jour cet épouvantable
» appel, et il me faudra paraître : être du nombre
» des élus avec un corps resplendissant de
» lumière, ou grossir la troupe des réprouvés
» avec un corps hideux et infect... occuper la
» droite ou la gauche : quel sort différent ! point
» de milieu cependant pour moi...

« Venez, les bénis de mon Père, posséder le
» royaume qui vous a été préparé. — Retirez-vous

3.

» de moi, maudits, allez au feu éternel!... » Que
» la première de ces deux sentences sera conso-
» lante! que la dernière sera désespérante! L'une
» ou l'autre me sera adressée... Laquelle vou-
» drais-je que ce fût? O cruel adieu des damnés
» aux élus! Serais-je assez ennemi de moi-même
» pour m'exposer à le faire? O mon Dieu!
» puissé-je, toute ma vie, comme dans cette
» retraite, être pénétré de la crainte de vos juge-
» ments!... »

6°

« Quels tourments! toujours désirer avec ardeur
» ce que jamais l'on n'obtiendra!... Toujours
» s'élancer avec force et toujours se sentir repoussé
» avec violence. Si je me damnais, ne souffrirais-
» je pas un double enfer au souvenir des moyens
» extraordinaires que j'ai de me sauver? Prisons
» obscures, voûtes embrasées, étang de feu et de
» soufre allumé par la colère de Dieu, puis-je en
» trop faire pour vous éviter... brûler sans relâche
» et sans fin... Jamais... Éternité!...
» Le péché mortel conduit à l'enfer, et j'aurais
» la fureur de le commettre!... »

7°

« Vos récompenses sont magnifiques, ô mon
» Dieu! L'œil de l'homme n'a point vu, son oreille

» n'a point entendu et son cœur ne saurait com-
» prendre ce que vous préparez à ceux qui vous
» aiment !...

» A la vue du ciel, y a-t-il rien qui doive me
» paraître difficile ? Ma place est marquée là-haut,
» mon trône y est placé, ma couronne y est sus-
» pendue ; les laisserai-je ? ne ferai-je pas un
» généreux effort pour les emporter ? *Quam sordet*
» *tellus, cum cœlum aspicio !* »

8°

« C'est peu de bien faire aujourd'hui, il faut
» persévérer... sans persévérance point de cou-
» ronne... Ne tiendrai-je pas à Dieu les promesses
» que je lui ai faites ? J'aurai chaque jour de
» nouvelles raisons de le mieux servir, oserai-je
» me relâcher ?

» O salut !... ô âme !... ô perte de la grâce !...
» ô calvaire !... ô mort !... ô enfer !... ô juge-
» ment !... ô péché mortel !... ô éternité, je vous
» méditerai. »

Ces sentiments sont suivis des résolutions
suivantes que nous reproduisons intégralement :

« Décidé comme je le suis à ne pas me perdre,
» je m'engage, ô mon Dieu, par les résolutions

» suivantes, à mener la vie d'un écolier vraiment
» vertueux et chrétien :

1°

« Je jure haine au péché mortel et en particulier
» au péché opposé à la plus aimable des vertus...
» En évitant le péché mortel j'évite l'enfer.
» Quand la tentation me pressera j'appellerai
» promptement à mon·secours mon Sauveur, la
» sainte Vierge , mon ange gardien , mon saint
» patron.

2°

» Je renonce entièrement à toutes liaisons avec
» des jeunes gens dont les mœurs et même les
» paroles ne seraient pas chastes... des jeunes gens
» peu exacts à remplir leurs devoirs de religion
» ou qui me détourneraient d'embrasser l'auguste
» et saint état auquel la Providence semble m'ap-
» peler ; hélas je me perdrais avec eux !...

3°

» Je ne serai pas l'esclave du respect humain ;
» c'est le propre d'une âme noble de mépriser la
» critique et les railleries des mondains... Je
» m'honorerai de leur haine... leur censure fait
» mon éloge... je désapprouverai au moins par

» mon silence leur conduite et leurs propos irré-
» ligieux ou peu décents... Ce n'est pas le monde,
» c'est Dieu qui me jugera.

4°

» La confession étant le meilleur moyen pour
» me préserver du péché, je me confesserai régu-
» lièrement tous les mois et plus souvent si mon
» confesseur le juge à propos.

» Je craindrai de me faire une habitude de la
» fréquentation des sacrements. Pour éviter ce
» malheur, je me rappellerai ces pensées : Si cette
» confession était la dernière, comment la ferais-
» je?... Ce que je sais, c'est qu'il y en aura une
» qui sera le dernière, et que je rendrai compte
» de celle-ci ainsi que des autres au jour du
» jugement.

» A l'exemple de saint Louis de Gonzague,
» j'emploierai trois jours à me préparer à la sainte
» communion et trois jours à rendre grâces à
» Dieu.

5°

» J'aurai toujours eu vue l'acquisition d'une
» vertu et l'extirpation d'un vice ; c'est là que ten-
» dront tous mes efforts...

» La piété, l'humilité, la mortification, l'obéis-
» sance, l'amour des pauvres, la chasteté, seront

» les vertus à l'acquisition desquelles je donnerai
» le plus de soin ; je les demanderai souvent et
» vivement à Dieu, j'en pratiquerai les actes dans
» l'occasion, j'examinerai de temps en temps si
» j'y ai fait des progrès.

6°

» Je m'acquitterai de mes exercices de piété
» avec toute l'attention, la dévotion, le respect et
» la modestie dont les écoliers vertueux m'ont
» donné l'exemple. *Maledictus qui facit opus Dei*
» *negligentes.*

» Je m'examinerai souvent sur ce point et
» m'infligerai quelque pénitence.

7°

» Je me dévoue et me consacre, à l'exemple de
» tous les jeunes gens vertueux, à la sainte
» Vierge, ma bonne et tendre mère. Je célébrerai
» chacune de ses fêtes avec piété, et chaque jour
» je réciterai avec dévotion quelque prière en son
» honneur.

» Je demanderai par elle à son divin Fils les
» grâces et les vertus qui me manquent ; je m'ef-
» forcerai d'imiter son humilité, sa pureté, sa
» tendre charité.

» Je communierai de préférence les jours qui
» lui sont consacrés.

8°

» J'éviterai l'oisiveté, surtout pendant les vacan-
» ces. J'étudierai avec application et pour me
» rendre digne de l'état auquel la Providence
» m'appelle. Mon Dieu, quel compte j'aurai à
» rendre du temps perdu ou mal employé. Je me
» tracerai, d'après les avis de mon directeur, un
» plan de conduite, afin de passer saintement ce
» temps toujours si dangereux et trop souvent
» funeste.

9°

» Puisque je ne puis me sauver sans y penser
» sérieusement, et que les saints me promettent
» le salut si je médite, je prends la résolution de
» donner tous les matins un quart d'heure à la
» méditation des vérités du salut. Quand je n'au-
» rai pas de livres de méditation, je prendrai pour
» sujet quelques-unes des vérités précédentes.

10°

» Une lecture réfléchie d'un quart d'heure et
» une visite au Très-Saint-Sacrement seront deux

» de mes exercices de l'après-midi, dont je ne me
» dispenserai que très-difficilement, surtout en
» vacances.

» Enfin, je relirai tous les mois, le jour de ma
» confession, ces sentiments et ces résolutions,
» me rappelant qu'au jour du jugement elles
» seront une condamnation écrite par ma propre
» main si j'ai négligé de les mettre en pratique.
» O Dieu, qu'il en soit autrement !

» A. M. D. G.

» JEAN-BAPTISTE BONNET. »

Le petit cahier se termine par ces deux
maximes :

« *Verba volant, scripta manent.*

» Je suis de Dieu, donc je dois être à Dieu.
» Je suis tout de Dieu, donc je dois être tout à
» Dieu.
» Je suis toujours de Dieu, donc je dois être
» toujours à Dieu...
» Quand on est arrivé au port, qu'il est doux
» de se rappeler le souvenir des orages et des
» tempêtes. »

* *

A la dernière page, on trouve encore ces lignes :

« . . . . *pendant mes vacances :*

» Je me lèverai dès l'aurore, à moins que la
» nécessité ne m'en empêche.

» Je ferai la prière en commun et ferai en par-
» ticulier et incontinent celles que je me propose
» maintenant ; je ne remettrai point ma lecture de
» piété, au défaut de laquelle je repasserai ce
» petit cahier.

» Tous les deux jours je tâcherai d'assister à la
» sainte messe et ne manquerai pas de faire une
» visite au Saint-Sacrement chaque fois que j'y
» assisterai. De retour, je prendrai quelques
» minutes pour repasser la lecture que j'aurai
» faite.

» Je ferai lentement les prières d'avant et après
» les repas, et en commun autant que j'en aurai
» occasion. A midi, après avoir dit l'*Angelus* et
» ces trois actes : *Credo quia verus ; spero quia*
» *fidelis ; amo quia bonus*, je jetterai un coup
» d'œil sur ce que j'aurai fait depuis le matin... »

Écrire de belles résolutions et ne pas les tenir,
c'est vain et frivole ; celui qui écrivit celles que

l'on vient de lire sut, la grâce de Dieu aidant, les mettre en pratique.

Un tel séminariste pouvait sans crainte faire un pas de plus dans le chemin qui mène au sacerdoce : il pouvait franchir le seuil du grand séminaire.

Nous l'y trouvons en effet à la rentrée suivante, qui eut lieu au mois d'octobre 1829 (1).

Réunir par la pensée toutes les vertus que l'on propose aux élèves du sanctuaire comme but de leurs efforts, c'est faire l'histoire du temps qu'il y passa.

« Au grand séminaire, » écrit le pieux auteur que nous avons déjà cité, « on vit M. Vian- » ney croître en humilité, en douceur, en » piété. Ces vertus ne pouvaient guère se cacher » aux yeux de ses condisciples; mais les actes de » renoncement et de pénitence, par lesquels

---

(1) Cette année 1829 fut tristement mémorable par le long et terrible hiver qui fut si désastreux pour la France.

Notre pauvre séminariste passa toute cette dure saison sans faire de feu dans sa chambre! Que l'on juge de ce qu'il eut à souffrir ? — « Nous étions six, » racontait-il plus tard, « qui ne fîmes pas de feu cet hiver-là. Eh bien, » ajoutait-il, « nous fûmes les seuls qui ne furent point » enrhumés ! »

» l'homme intérieur se forme sur les ruines du
» vieil homme, ne furent connus que de Dieu
» seul. Il avait acquis dès-lors un si grand empire
» sur lui-même, qu'il put s'appliquer uniquement
» à faire ce qu'il y avait de plus parfait. Jamais
» on ne le vit enfreindre la règle dans ses pres-
» criptions les plus minutieuses ; jamais on ne le
» surprit parlant aux heures consacrées au silence,
» faisant bande à part au moment des récréations,
» se montrant froid et impoli envers aucun de ses
» condisciples. Il abordait les premiers qui
» venaient à sa rencontre, sans choix ni pen-
» chant. »

N'est-ce point là aussi le portrait de notre cher
séminariste ? Ses condisciples qui survivent et qui
liront cette page trouveront sans doute qu'elle lui
convient parfaitement.

C'est, du reste, ce qu'affirmait au jour de ses
funérailles, dans son remarquable discours, M. le
Doyen de Corbigny :

« Dès les premières années de son séminaire,
» il faisait pressentir ce qu'il serait un jour; et
» ceux qui l'ont connu se rappellent encore le
» sérieux de ses conversations, son assiduité à la
» prière, son amour pour le travail, son esprit de
» pénitence et de mortification, sa fidélité à la

» règle et sa charité pleine de condescendance
» pour ses condisciples. Dès ce moment on l'appe-
» lait le saint du séminaire. »

La sainteté, loin d'amoindrir les qualités naturelles du cœur, leur ajoute au contraire un nouveau charme. La vertu qui distinguait surtout le
cœur de notre pieux séminariste c'était l'affabilité.

On n'a pas de peine à être aimable quand on
ne s'aime pas trop soi-même. L'amabilité du
caractère et la douceur des procédés se confondent
avec l'abnégation et le sacrifice : elles sont la fleur
de l'humilité.

Au séminaire, on avait confié à notre aimable
séminariste la charge d'infirmier. C'était lui qui
portait la tisane aux malades.

« Il s'acquitta toujours de ses fonctions, » raconte
un de ses anciens condisciples qui lui a conservé
toute son estime et toute son affection, « avec une
» bonté, une charité, une douceur gaie qu'on ne
» peut oublier. »

On pourrait encore ajouter d'autres traits.

Mais il faut respecter cette vie cachée du séminaire qui doit s'écouler dans le silence, l'étude et
la prière.

Nous avons hâte, du reste, d'arriver à la vie

publique de l'apôtre que la vie du séminariste nous a déjà fait entrevoir.

* * *

Après les belles et fortifiante études de la théologie, après les différentes épreuves auxquelles doivent être soumis les élèves du sanctuaire, Jean-Baptiste Bonnet reçut successivement et aux appels réguliers la tonsure, puis les ordres mineurs ; il fut appelé ensuite au sous-diaconat, le 17 mars 1832 ; la même année, il fut promu au diaconat, et le 19 juillet 1833, ses supérieurs le jugèrent mûr pour le sacerdoce.

Il fut ordonné prêtre par un saint évêque, Mgr de Douhet d'Auzers ; le même prélat l'avait déjà initié aux divers degrés de la hiérarchie.

L'abbé Jean-Baptiste Bonnet avait alors trente ans révolus.

Quels furent les sentiments du pieux lévite à ce moment fortuné ? Dieu le sait. La modestie du prêtre n'en a jamais fait la confidence à personne. Mais il est facile de le deviner.

Oh ! oui, son âme était prête à entendre ces paroles du Pontife :

Agnoscite quod agitis : imitamini quod tractatis... sit doctrina vestra spiritualis medicina populo

*Dei ; sit odor vitæ vestræ delectamentum Ecclesiæ
Christi ; ut prædicatione atque exemplo ædificetis
domum, idest, familiam Dei ; quatenus nec nos de
vestra provectione , nec vos de tanti officii suscep-
tione damnari a Domino sed remunerari potius
mereamur (1).*

Autant que l'infirmité humaine le permet, ses
épaules étaient dignes de recevoir le joug suave et
le fardeau léger du Seigneur ; elles pouvaient être
revêtues de la chasuble, symbole de la charité :
Per quam charitas intelligitur !

C'était bien en vérité pour la gloire de Dieu, la
joie des anges et le soulagement des âmes que le
pieux lévite recueillait dans son cœur les paroles
du Pontife :

*Accipe potestatem offerre sacrificium Deo , missas-
que celebrare tam pro vivis quam pro defunctis. In
nomine Domini.*

« Recevez le pouvoir d'offrir à Dieu le saint
» sacrifice et de célébrer la messe pour les vivants
» et pour les morts. Au nom du Seigneur. »

C'était bien aussi pour la gloire de Dieu et la
sanctification des âmes que l'élu du Seigneur

____

(1) *Manuale ordinand., De ord. presb.*

entendait ces autres paroles toutes-puissantes que l'Evêque lui adressait :

Accipe Spiritum Sanctum ; quorum remiseris peccata remittuntur eis, et quorum retinueris retenta sunt.

« Recevez l'Esprit-Saint : les péchés seront remis
» à ceux à qui vous les remettrez et ils seront rete-
» nus à ceux à qui vous les retiendrez. »

Et enfin, quand le Pontife voulut avoir un gage de sécurité pour l'avenir, quand le vieillard prit dans ses mains les mains consacrées du jeune prêtre, quand il lui fit cette question :

Promittis mihi et successoribus meis reverentiam et obedientiam ?

— « Me promettez-vous, à moi et à mes succes-
» seurs, respect et obéissance ? »

C'est bien dans toute la sincérité de son âme et pour toute sa vie que le jeune prêtre répondit à son Évêque :

— *Promitto* : « Je le promets. »

Le père pouvait alors, selon les prescriptions du *Cérémonial*, embrasser son enfant en lui adressant cette parole qui sera toujours la consolation et la force du prêtre obéissant et fidèle :

« O mon cher fils, puisqu'il en est ainsi, que la
» paix du Seigneur soit toujours avec vous ! »

Pax Domini sit semper tecum !

*
* *

Oui, ô Évêque, cette paix que vous lui avez souhaitée au jour de son sacerdoce, restera toujours pure et inaltérable dans le cœur de ce prêtre, comme se conserve un parfum exquis dans un vase précieux !

CHAPITRE VI.

LA PAROISSE DE MONTIGNY-AUX-AMOGNES. — ZÈLE
FRUCTUEUX DE L'ABBÉ BONNET. — « JE MOURRAI
» DANS MON PETIT NID ! »

> *Suscitabo mihi sacerdotem fidelem,
> qui juxta cor meum et animam meam
> faciet : et ambulabit coram Christo
> meo cunctis diebus.*
>
> Je me susciterai un prêtre fidèle qui
> agira selon mon cœur et ma volonté et
> marchera, toute sa vie, en présence de
> mon Christ. (I Reg., II, 35.)
>
> *Pavit eos in innocentia cordis sui.*
>
> Il les nourrit dans l'innocence de
> son cœur. (Ps., LXXVII, 72.)
>
> *Dicebamque : « In nidulo meo mo-
> » riar ! »*
>
> Et je disais : « Je mourrai dans mon
> » petit nid ! » (Job, XXIX, 18.)

Au moment où nous commençons à écrire ce
nouveau chapitre, paraît la lettre-circulaire adressée par Mgr l'Évêque de Nevers à son clergé, à

l'occasion de la mort de Mgr Crosnier, vicaire général.

Dans l'éloge de ce prêtre éminent qui, à dix-huit jours d'intervalle, suivit, le premier, notre cher défunt dans la tombe, nous avons remarqué une phrase que nous nous permettons de reproduire :

« Il a été un bon et saint prêtre, parce qu'il est » demeuré un fidèle séminariste. »

Cette parole peut être dite aussi, en vérité, de l'humble prêtre dont nous venons de raconter brièvement la vie de séminariste. Toujours il conserva, lui aussi, ces pieuses habitudes du séminaire qui constituent la vie vraiment sacerdotale. « Il fut bon et saint prêtre, parce qu'il resta fidèle » séminariste. »

La vie du séminaire n'est pas un état permanent : ce n'est pas une fin, ce n'est qu'un moyen pour arriver à un but. Ce but sublime, c'est le sacerdoce que saint Ignace, martyr, appelle le point culminant de toutes les grandeurs crées : *omnium apex* (1).

Après avoir parcouru la vie de l'enfant, de l'adolescent et du séminariste, nous nous trouvons donc en face de la vie du prêtre.

---

(1) *Epist. ad Smyrnences.*

Chemin faisant, comme le voyageur qui gravit les flancs des Alpes, nous avons respiré, durant notre ascension, le parfum varié des aimables vertus qui embellissent l'âme chétienne : la piété, l'obéissance, l'humilité, la charité, la douceur, le respect, la mortification, fleurs suaves qui s'épanouissent sur la montagne qui mène au sacerdoce.

Arrivés à ce sommet sublime, laissons échapper de notre âme l'hymne de la reconnaissance et de l'amour ; répétons ces paroles du beau cantique que l'Eglise met tous les jours sur les lèvres de ses prêtres :

Benedicite montes et colles Domino, laudate et superexaltate eum in sæcula !

« Montagnes et collines du sacerdoce, bénissez
» le Seigneur, louez et exaltez sa grandeur dans
» les siècles. »

Benedicite sacerdotes Domini Domino, laudate et superexaltate eum in sæcula !

« Prêtres du Seigneur, bénissez le Seigneur ;
» louez et exaltez sa grandeur dans les siècles. »

Benedicite sancti et humiles corde Domino, laudate et superexaltate eum in sæcula !

« Vous qui êtes saints et humbles de cœur,
» bénissez le Seigneur, louez et exaltez sa gran-
» deur dans les siècles ! »

Et vous, ô prêtre bien-aimé, s'il est bon et utile de continuer à parler de vous, ne cessez point de m'éclairer et de m'inspirer ce qu'il faut dire de vous.

*
* *

Le jeune prêtre qui est destiné au ministère paroissial, passe, d'ordinaire, par un vicariat quelconque. Dans ce nouveau noviciat de la vie sacerdotale, sous la conduite éclairée d'un prêtre plus âgé, — souvent vénérable par la longue pratique des vertus sacerdotales, — auprès de ce mentor plein de sagesse et toujours disposé à le diriger par ses conseils et par ses exemples, le jeune prêtre se forme petit à petit à l'exercice de cet art difficile entre tous : la direction des âmes, *ars artium regimen animarum* (1). Ses épaules se fortifient et deviennent enfin aptes elles-mêmes à porter le fardeau toujours lourd d'une paroisse.

On fit une exception à la règle générale en faveur de l'abbé Bonnet.

La maturité de son jugement et de sa vertu, plus encore que son âge, était une garantie suffisante pour ses supérieurs qui le jugèrent capables d'être placé immédiatement à la tête d'une paroisse.

----

(1) S. Grég.

A dix kilomètres environ de Saint-Benin-d'Azy, dans cette terre des Amognes jadis défrichée par les moines, se trouve une petite paroisse d'environ six cents âmes : c'est Montigny-aux-Amognes. L'abbé Bonnet fut nommé curé de cette paroisse au sortir du séminaire.

Arrivé à ce point de notre récit, et avant de continuer ce chapitre qui commence à parler du prêtre, nous avons voulu, — d'après le conseil qui nous en avait été donné, — aller voir cette chère paroisse de Montigny qui eut les prémices de son sacerdoce. Nous nous sommes agenouillé dans cette même église (1) où pendant onze ans il pria lui-même, offrit le saint sacrifice de la messe,

---

(1) L'église de Montigny-aux-Amognes est orientée et placée sous le vocable de saint Louis. Elle se compose d'une nef, d'un chœur et d'une abside ronde. Toutes ses parties datent de la fin du onzième siècle. C'est, paraît-il, l'édifice le plus remarquable du canton.

La façade, terminée en fronton, est d'un bel effet. Le portail, dont la restauration est de date récente, est en saillie : Il rappelle, lisons-nous dans le *Nivernois,* tout ce qu'ont de gracieux les églises de Saint-Trophyme d'Arles et de Saint-Cernin de Toulouse. La porte a son cintre orné de trois bandeaux en retrait, formés de claveaux bien appareillés et anglés.

Les murs de la nef ont été refaits en partie. Elle est ajourée, d'un côté seulement, de fenêtres cintrées fort

annonça la parole de Dieu et administra les sacrements.

Quarante-sept ans se sont écoulés depuis l'arrivée de l'abbé Bonnet à Montigny-aux-Amognes;
eh bien, on peut l'affirmer, sans crainte d'être
contredit, son souvenir est resté vivant dans le
cœur de tous ceux qui l'ont connu. Oh ! combien
il nous a été doux de recueillir, çà et là, au milieu
de cette bonne population qui avoisine l'église, ces
témoignages de profond respect et d'affection dont
ils entourent la mémoire de leur bien-aimé pasteur.

C'était toujours la même parole qui s'échappait
de tous les cœurs : « Oh ! M. Bonnet, notre bon
» curé ! Oh ! le bon prêtre que c'était donc !... Oh !
» qu'il était charitable... Oh ! qu'il nous aimait !...
» Comme il apprenait bien le Catéchisme à nos en-
» fants ! comme il se plaisait à l'église !... comme
» il aimait à prier le bon Dieu ! C'était un saint !
» Est-il possible qu'il soit mort !!... »

étroites, à claveaux bien appareillés : une voûte serait à
désirer.

Le chœur, fort soigné, est tout en pierres d'appareil;
l'abside, moins élevée que le chœur, est flanquée de deux
contre-forts; les trois fenêtres sont plus grandes que celles
de la nef; leur architecture est aussi plus remarquable.

Le clocher, couvert en ardoises, s'élève au-dessus du
chœur.

— « Ah ! je ne l'oublierai jamais, » disait celui-ci ; « c'est lui qui m'a fait faire ma première com-» munion. » — « C'est lui qui m'a marié, » disait celui-là. — « Hélas ! c'est lui qui a enterré ma » pauvre défunte, » disait en pleurant un vieillard à cheveux blancs ! — Et les mêmes paroles tombaient encore, tombaient toujours de ces cœurs attendris : « Oh ! qu'il était bon ! qu'il était bon !... »

Ces paroles simples, parties de cœurs sincères, valent mieux que de longs discours, elles en disent plus qu'un volume entier embelli de la plus fine littérature.

A côté de ces témoignages irrécusables de la parole, nous avons trouvé d'autres documents précieux aussi, relatés dans le registre de paroisse. Plusieurs extraits trouveront leur place dans ce chapitre.

En premier lieu, nous avons trouvé une date qu'il convient de signaler.

En feuilletant les registres paroissiaux, nous avons découvert que le premier acte de ministère accompli par M. l'abbé Bonnet est un baptême, qu'il fit le 15 août 1833, fête de l'Assomption de la sainte Vierge. (On n'a pas oublié que ce fut ce même jour de l'Assomption que ce prêtre si dévoué à Marie quitta la terre...)

Pourquoi cette coïncidence ?

Rien n'arrive sans l'ordre ou la permission de Dieu : c'est une vérité de foi. Mais, ce que l'on n'observe peut-être pas assez, c'est que les plus petits événements de notre vie sont disposés avec un art divin et forment entre eux une merveilleuse harmonie. Partant, rien n'existe à l'état d'isolement, mais tout s'enchaîne, tout s'unit, tout se complète dans cet admirable plan dont, hélas ! nous ne pouvons deviner que quelques lignes ! Un jour, dans les joies de la vision béatifique, nous verrons et nous comprendrons la cause de ces mystérieux enchaînements, nous pourrons savourer à loisir les notes de cet harmonieux concert.

Oui, si l'ordre admirable qui brille dans les sphères célestes offre un si magnifique spectacle, que dire des harmonies qui règnent dans le monde des âmes ? Elles sont autrement belles et autrement ravissantes ! Seulement, nous n'en saisissons que quelques-unes ! Ici-bas, nous sommes condamnés à marcher dans l'obscurité, nous vivons continuellement enveloppés dans le mystère, et si parfois nous apercevons la main de Dieu qui dispose tout avec nombre, poids et mesure, c'est toujours, selon l'expression de l'Apôtre, en énigme, *in enigmate*.

Au ciel, ô mon Dieu ! nous vous verrons « face » à face », nous contemplerons « la lumière dans la » lumière », et dans le ravissement d'une éternelle reconnaissance, nous louerons votre sagesse, nous vous bénirons, nous vous aimerons !...

Ainsi donc cette belle vie de prêtre qui nous reste à raconter, comme un diamant dans un écrin précieux, se trouve mystérieusement enchâssée dans le cercle d'or de deux fêtes qui nous rappellent le triomphe de notre Mère du ciel !

*
* *

L'abbé Bonnet avait pris possession de sa paroisse avec une joie que tempérait l'humilité. En contemplant les quelques maisons rangées autour de la vieille église, il avait senti son cœur se remplir de reconnaissance et d'amour en pensant qu'il avait été jugé digne de travailler à la sanctification des âmes. Il aurait voulu déjà les réunir toutes comme la poule rassemble sa couvée sous ses ailes ; — mais, il faut bien le dire, les poussins d'alors étaient un peu sauvages (1).

---

(1) Il n'est peut-être pas inutile de mettre le lecteur au courant de l'état de Montigny depuis 1792 jusqu'à cette année 1833, où l'abbé Bonnet fut nommé curé de cette paroisse.

« La paroisse de Montigny-aux-Amognes avait toujours » été privée de pasteur depuis 1792 jusqu'à 1833. Abandon-

— « A la première visite que je leur fis, »
raconte le cher curé, « dès que je parus sur le seuil
» de la maison, petits et grands, hommes, femmes

» nés à eux-mêmes, pendant la tourmente révolutionnaire,
» les habitants de cette paroisse, privés de toute instruc-
» tion religieuse, avaient été témoins de bien grands scan-
» dales ; ils avaient vu leur église profanée, leurs croix
» brisées et quelques-uns de leurs concitoyens se porter à
» des excès sacriléges...
» Le ciel cependant daigna les favoriser de grâces capa-
» bles de les éclairer et de les ramener à Dieu. — L'un
» d'eux, qu'il n'est pas convenable de nommer, poussé
» sans doute par l'esprit diabolique, esprit de destruction
» qui agitait tous les révolutionnaires de 93, entreprit
» d'arracher et de détruire la croix qui était placée près
» du village des Bordes. Mais, au moment où il poussait
» ce bois béni, signe de notre rédemption, la pièce du
» haut qui formait la croix, se détachant de l'autre pièce,
» tomba sur sa tête et lui donna la mort. Tous ceux qui
» furent témoins de cet événement le regardèrent comme
» un coup du ciel, un châtiment que Dieu infligeait à ce
» malheureux en punition à son crime.
» Puissent les vieillards, témoins de cet événement,
» puissent aussi leurs enfants, témoins de leurs récits, pro-
» fiter de cet exemple que la divine Providence a voulu
» leur donner dans sa miséricorde autant que dans sa
» justice, pour leur apprendre à respecter, non-seulement
» les croix, mais encore tous les objets consacrés à la
» religion !
» Pendant ce temps, le presbytère et le petit domaine

» et enfants, tout le monde prit la fuite. Les
» chères gens, ils n'avaient pas vu de curé chez
» eux depuis si longtemps ! » ajoutait-il.

» qui lui était attaché furent vendus comme faisant partie
» des biens nationaux. L'église, dont les murs furent muti-
» lés en plusieurs endroits, resta encore heureusement
» debout, mais dans un dénûment complet. Aussi, ne ser-
» vait-elle plus au culte divin ; elle était devenue le lieu
» des assemblées profanes...
» Quand, après les jours de la terreur, les églises furent
» rendues à leur première destination, les habitants de
» Montigny eurent l'insigne bonheur de voir, de temps à
» autre, des prêtres qui venaient offrir pour eux le saint
» sacrifice de la messe. MM. les Curés d'Ourouër, de
» Saint-Jean et de Saint-Sulpice ont successivement des-
» servi cette paroisse jusqu'en 1833. Enfin, Mgr de Douhet
» d'Auzers, successeur de Mgr Millaux, premier évêque
» de Nevers depuis la Révolution, reconnaissant le besoin
» extrême que Montigny avait d'un pasteur, lui donna
» pour curé, malgré la pénurie des prêtres, le bon et
» excellent abbé Bonnet.
» Ce digne prêtre a exercé le saint ministère dans cette
» paroisse, pendant onze ans, avec beaucoup de zèle et
» avec fruit. Heureux les habitants de Montigny s'ils n'a-
» vaient pas eu le malheur de le perdre... Ses travaux
» apostoliques auraient sans doute achevé leur conversion ;
» tous, à la vérité, n'étaient pas revenus à des sentiments
» bien chrétiens, mais la grande majorité l'aimait, l'esti-
» mait et commençait à suivre ses avis.
» La plupart avaient compris que la religion seule, ensei-

Le bon curé ne se déconcerta pas. Il eut la patience d'aller chercher lui-même les fugitifs. Il les appela de sa voix, de sa main il leur fit signe d'approcher. Rassurées par tant de bontés, les brebis dispersées se réunirent bientôt et, après quelques hésitations, les plus timides vinrent sans crainte se ranger elles-mêmes aux pieds du bon pasteur.

Le curé de Montigny fit ainsi le tour de sa paroisse ; il voulut visiter toutes les familles, entrer dans chaque maison ; il voulut voir de ses

---

» gnée par un bon prêtre, pouvait les retirer de l'état de » barbarie dans lequel ils se trouvaient, et les ramener à » la civilisation qu'ils avaient tellement abandonnée que, » quand l'abbé Bonnet allait, dans le commencement, les » visiter dans leurs maisons, ils se sauvaient tous dans la » crainte de le voir et de lui parler. Croyant plusieurs fois » trouver toute une famille réunie et paisible, il était » étonné de se trouver seul dans la maison. Car tous, » pères, mères, enfants, en le voyant entrer s'esquivaient, » les uns par la porte, les autres par la fenêtre, et allaient » se blottir dans un coin, ou bien erraient çà et là, sem- » blables à ces sauvages dont nous parlent les prêtres des » missions étrangères. Alors, le bon pasteur les cherchait, » et, lorsqu'il les avait trouvés, il les ramenait dans leurs » maisons, en employant tous les moyens de douceur et » de bonté qu'il trouvait toujours dans sa belle âme. » (Extrait du registre de paroisse, rédigé par M. l'abbé Arriat, ancien curé de Montigny-aux-Amognes.)

yeux, connaître avec son cœur, chacun de ses paroissiens : le père sut bientôt le nom de tous ses enfants.

De leur côté, les paroissiens s'habituèrent vite à voir leur curé et, loin de s'enfuir à son arrivée, ils attendaient et désiraient l'heure de sa visite. Au bout de quelques semaines, le curé de Montigny pouvait répéter la parole du bon Pasteur de l'Évangile : *Cognosco meas, et cognoscunt me meæ* (1) : « Je connais mes brebis et mes brebis » me connaissent. »

Le pasteur s'attacha donc à connaître et à aimer son petit troupeau. L'abbé Bonnet avait compris, lui aussi, qu'il ne pourrait faire de bien à ses paroissiens qu'autant qu'il en serait aimé. Or, il y a un secret, dit-on, pour se faire aimer, et le curé de Montigny connaissait ce secret : il aimait. Nous avons vu plus haut combien son souvenir était vivant dans le cœur de tous ceux qui l'ont connu : « Oh ! comme il nous aimait ! comme il se » plaisait au milieu de nous ! » disaient ces braves gens. Oui, pour faire du bien aux âmes, il faut les aimer vraiment, les aimer quand même, les aimer toujours.

Qui pourrait dire combien l'abbé Bonnet aima

---

(1) Joan., x, 14.

ses paroissiens ? Il se plaisait dans leur compagnie. « Je ne passais pas un jour sans aller les » voir, » disait-il plus tard. Il allait les visiter dans leurs maisons, mais il s'arrêtait aussi auprès d'eux dans leurs champs, sur les chemins, partout où il les rencontrait. Il ne se contentait point de ces rapports généraux où le prêtre, étant l'homme de tous, n'est pas assez l'homme de chacun ; il ne laissait passer aucune occasion de donner individuellement à ses paroissiens des marques d'affection et de dévouement. Il trouvait toujours dans son cœur plein de bonté la parole, le petit mot qui convenait à chacun.

Durant la conversation, après avoir demandé des nouvelles de ce qui pouvait intéresser la famille, il en venait toujours, par une transition habilement ménagée, à leur parler de leurs intérêts spirituels. Le bon prêtre leur parlait de Dieu, de leur âme et de leur salut, et pour cela, il n'avait qu'à laisser tomber de ses lèvres les paroles qui partaient de son cœur : *Eructavit cor meum verbum bonum* (1). Ce genre de prédication, pour être plus familier que celui qui se fait à l'église, n'en est pas moins un apostolat très-apprécié des gens de la campagne et très-fructueux.

____

(1) Ps. xliv, 2.

* *

Bon et affable envers tous, l'abbé Bonnet se plaisait surtout au milieu des plus petits. Il n'aurait pas rencontré un enfant sans s'arrêter pour le saluer et lui adresser avec un sourire quelques paroles aimables. Il leur faisait faire le signe de la croix, réciter leurs petites prières; puis, en présence des parents, il félicitait et récompensait les plus savants. Le bon père trouvait toujours à propos, au fond de sa poche, dans quelque cornet de papier, ces bonbons blancs et roses si goûtés des enfants.

Ces tendresses et cette prédilection pour l'enfance, il les conserva toute sa vie. A Montigny, plus tard à Urzy et enfin à Magny, nous le verrons exercer, avec la même mansuétude, le même apostolat. Partout où il passa : « faire connaître et » aimer le bon Dieu, » comme l'a si bien dit M. le Doyen de Corbigny, « était le but de tous ses » efforts. Dites-moi, bons habitants de Magny, » toutes les fois qu'il rencontrait vos enfants, ne » leur parlait-il pas du bon Dieu? Ne leur deman- » dait-il pas s'ils savaient bien leurs prières ? » Toutes les fois qu'il allait vous visiter dans vos » maisons, vous quittait-il sans vous avoir recom- » mandé de servir Dieu et de le faire servir par

» ceux qui vous entourent ? Ah ! chez lui, la
» bouche parlait de l'abondance du cœur, il par-
» lait de ce qu'il aimait ! »

Le bon curé ne se contentait pas d'aller voir ses paroissiens et de converser avec eux ; il s'adonna avec un soin tout particulier à leur instruction religieuse : il organisa des Catéchismes où étaient admis non-seulement les enfants, mais aussi les jeunes gens et mêmes les personnes plus âgées. Avec la connaissance plus parfaite de la religion, la piété se ranima petit à petit dans la paroisse et le goût des choses spirituelles s'implanta dans ces âmes de bonne volonté.

* *
*

Sur ces entrefaites, M. le Curé de Saint-Sulpice, le digne abbé Prioul, qui jusqu'à sa mort, arrivée en 1859, conserva pour l'abbé Bonnet l'affection la plus sincère, eut un voyage à faire en Bretagne, son pays natal.

M. Prioul connaissait déjà assez le zèle et la bonne volonté de son confrère voisin pour le prier, avec l'agrément de Mgr l'Evêque, de vouloir bien se charger de sa paroisse pendant son absence. Le curé de Montigny accepta volontiers cette nouvelle tâche et, pendant plus de trois mois, s'acquitta de sa charge à la complète satisfaction des bons habitants de Saint-Sulpice qui, eux non plus, ne l'ont pas oublié.

* * *

Nous avons vu avec quelle persévérance l'abbé Bonnet s'adonna, dès son arrivée, à l'instruction religieuse de sa paroisse. Mais ce n'est pas assez pour le pasteur d'instruire son troupeau. Le zèle apostolique s'étend plus loin.

« Son office, » dit admirablement saint François de Sales, « est : 1° de haïr, fuir, empêcher, » détester, rejeter, combattre et abattre, si l'on » peut, tout ce qui est contraire à Dieu ; le zèle, » 2° nous rend ardemment jaloux pour la pureté » des âmes qui sont épouses de Jésus-Christ; 3° en » la jalousie humaine, nous craignons que la chose » aimée ne soit possédée par quelque autre ; mais » le zèle que nous avons envers Dieu fait qu'au » contraire nous redoutons, sur toutes choses, de » n'être pas assez possédés par icelui. » (*Traité de l'amour de Dieu.*)

Les habitants de Montigny, nous l'avons vu, étaient restés de longues années sans posséder de curé. Cette absence du pasteur ne peut exister sans occasionner un grand préjudice pour une paroisse.

« Laissez une paroisse vingt ans sans prêtre, » disait le curé d'Ars, « on y adorera les bêtes. »

A Montigny, un grand nombre ne remplissaient plus leurs devoirs de religion ; le saint jour du dimanche n'était plus respecté.

L'abbé Bonnet dirigea son zèle et son activité du côté de ces abus. Il se fit apôtre du dimanche. Il commença par rappeler à ses paroissiens l'obligation grave d'entendre la sainte messe et de faire trêve aux travaux champêtres ce jour-là. Puis, joignant l'œuvre à la parole, il allait lui-même, le dimanche matin, dès que le premier coup de la messe était sonné, faire, comme il disait, sa petite tournée dans le village, pressant ceux-ci, admonestant ceux-là, sans cependant adresser jamais de paroles blessantes. On écoutait la voix si pressante d'un pasteur si zélé. Quelques-uns, cependant, faisaient encore la sourde oreille.

Un dimanche matin, l'abbé Bonnet faisait sa tournée habituelle, quand il aperçut dans un champ, à quelque distance des maisons du village, un groupe de cinq ou six laboureurs qui alignaient tranquillement leurs sillons.

Le curé fut bientôt auprès d'eux ; il leur reprocha ouvertement et en termes énergiques leur faute et le scandale qu'ils donnaient à la paroisse.

— Oh ! Monsieur le Curé , lui répondirent les pauvres gens, nous ne pensions pas faire tant de mal !

— Allons, dételons vite, ajouta le pasteur, et que je vous retrouve tous à la messe aujourd'hui.

En ces jours de foi, la parole du prêtre était écoutée et respectée. Nos laboureurs laissèrent là leur charrue, ils revinrent au village et assistèrent à la messe.

Il y eut bien encore de temps en temps quelques infractions à la loi du dimanche. Le pasteur fit tout disparaître par cette déclaration, qu'il ne craignit pas de faire du haut de la chaire : « Mes » frères, je remarque avec grande peine que » plusieurs d'entre vous, sans tenir compte de » mes avis, continuent à travailler sans néces- » sité le saint jour du dimanche. Si pareille chose » se renouvelle, j'abandonne cette paroisse et je » vous quitte. »

Les bons habitants de Montigny tenaient trop à leur curé pour s'exposer à le perdre. Autant par amitié pour leur pasteur que par amour pour Dieu, ils prirent la résolution de ne plus travailler le dimanche, et à partir de ce moment les offices de paroisse furent exactement suivis.

Ces actes de bonne volonté remplirent de joie l'âme du bon curé. Sans doute le bien se faisait encore lentement ; tout n'était pas parfait dans cette paroisse de Montigny, mais en voyant le bon Dieu mieux connu et mieux servi par ses paroissiens, le pasteur sentait croître et se ¦fortifier, de jour en jour, les liens puissants qui attachent le cœur d'un prêtre à sa paroisse bien-aimée.

De leur côté, les habitants de Montigny ne cessaient de donner à leur curé les marques touchantes de leur estime et de leur affection.

Tout allait donc pour le mieux dans cette chère petite paroisse. L'abbé Bonnet s'y trouvait si bien, qu'il ne désirait qu'une chose : vivre et mourir au milieu de ceux qu'il aimait et dont il se sentait vraiment aimé. Sur les murs de son vieux presbytère il avait gravé les paroles de Job : *In nidulo meo moriar* (1) : « Je mourrai dans mon » petit nid ! » L'homme propose, dit le proverbe, et Dieu dispose. Ce pieux désir exprimé par l'abbé Bonnet ne devait point se réaliser. La divine Providence, nous le verrons bientôt, en avait disposé autrement.

______

(1) Job, xxix, 18.

CHAPITRE VII.

CONSTRUCTION D'UN PRESBYTÈRE. — DÉVOTION DE L'ABBÉ BONNET AU TRÈS-SAINT-SACREMENT. — M. LEBLANC DE LESPINASSE A L'ÉVÊCHÉ DE NEVERS. — LES ADIEUX DE M. L'ABBÉ BONNET A SES PAROISSIENS.

> *Instaurare omnia in Christo.*
> Tout restaurer dans le Christ.
> (Ephés., i, 10.)
>
> *Tua, Pater, providentia gubernat.*
> Votre Providence, ô mon Dieu, gouverne tout. (Sap., xiv, 3.)

Lorsque l'abbé Bonnet, en 1833, s'installa à Montigny, n'y trouvant point de presbytère, il fut obligé d'habiter le vieux château, qui est près de l'église et qui était dans un très-mauvais état.

5.

Cette maison appartenait autrefois au sieur Achille d'Amionville, vicomte des Bordes et seigneur de Montigny.

Ce vieux château ainsi que la terre de Montigny étaient devenus la propriété de M. le baron Callande de Clamecy et de dame Marie-Jeanne-Claire Gauthier, son épouse. M. Leblanc de Lespinasse en devint ensuite propriétaire avec M. Salé de Chou, qui revendirent le vieux château à la commune de Montigny, le 10 juin 1843, moyennant la somme de 4,500 fr. (Extrait du registre de paroisse de Montigny-aux-Amognes.)

L'abbé Bonnet demeura dans ce vieux château jusqu'à l'année 1840. Ce fut alors que la commune acheta de M. Leblanc de Lespinasse un terrain appelé *le Verger*, pour y établir le presbytère, qui fut construit la même année.

De son côté, le curé de Montigny continuait à travailler, comme un ouvrier infatigable, à la restauration spirituelle de sa chère paroisse. Il essayait de réaliser pour toutes ces chères âmes qui lui étaient confiées cette belle parole que l'Apôtre adressait aux Ephésiens : *Instaurare omnia in Christo :* « Tout restaurer dans le Christ. »

En travaillant à la sanctification des autres, le pieux curé n'oubliait point la sienne propre ; il connaissait cette maxime de nos maîtres spirituels : il savait que plus les prêtres sont saints, plus ils glorifient Dieu , plus ils sauvent d'âmes et plus ils sont assurés de se sauver eux-mêmes.

Or, un des principaux moyens de sanctification offerts au prêtre, et un des plus puissants pour renouveler une paroisse et même un diocèse, c'est, sans contredit, la dévotion au Très-Saint-Sacrement, qui doit être la première dévotion du prêtre.

On raconte de Mgr de La Mothe, ancien évêque d'Amiens, qu'on le surprit plus d'une fois en prières, à cinq heures du matin, sur le seuil de sa cathédrale encore fermée. Rappelons-nous M. Olier, fondateur du séminaire de Saint-Sulpice, jetant à la lampe allumée devant l'autel des regards d'envie ; saint Dominique, mettant sa tête brûlante dans le tabernacle pour adorer le divin Prisonnier de l'amour ; saint Thomas, absorbé après sa messe dans de sublimes actions de grâces.

O mon Dieu ! à l'heure où nous écrivons ces lignes, des clameurs sinistres retentissent dans l'air, des mains sacriléges osent fermer, en la souillant, la porte de vos sanctuaires, vos religieux pourchassés vous emportent en pleurant de vos tabernacles ; on ne craint point de proscrire ceux qui sont spécialement vos prêtres, ô Jésus !...

Pitié, mon Dieu ! ne nous abandonnez pas !

Demeurez toujours avec nous ! Nos pères nous ont parlé en gémissant de ces temps malheureux où l'on ne vous adorait qu'au péril de la vie dans les catacombes de la terreur !... Demeurez avec nous ! Ah ! s'il le fallait, il serait doux de mourir pour vous, mais qu'il serait dur de vivre sans vous !

Comme les disciples d'Emmaüs, nous vous en conjurons : « O Seigneur ! ô Maître ! restez avec » nous, car il se fait tard ! » *Mane nobiscum Domine, quoniam advesperascit* (1) !

*
* *

Revenons à l'abbé Bonnet. Sa dévotion envers le Très-Saint-Sacrement eut toujours la première place dans son cœur. « Comme il se plaisait à » l'église ! » diront quarante ans plus tard les vieillards de Montigny qui n'ont pu oublier les visites fréquentes que leur pieux curé faisait à l'autel. Le bon prêtre aimait à terminer sa journée aux pieds de Celui qui, dès l'aurore, en avait agréé

---

(1) Luc, xxiv, 29.

les prémices ; nous ne croyons pas nous tromper en disant que ce prêtre aimé de Dieu ne dut jamais laisser passer un jour sans faire sa visite au Saint-Sacrement. Qui pourrait redire les saintes effusions qui s'échappaient de ce cœur plein d'amour ? Qui pourrait raconter les mystérieux colloques qui s'engageaient entre le visiteur et l'Hôte divin du tabernacle, souvent le seul ami du prêtre sur la terre ? Les anges de l'eucharistie pourraient seuls nous révéler ces émouvants secrets !...

Après la dévotion envers Notre-Seigneur, l'abbé Bonnet, nous l'avons déjà vu, avait une piété toute spéciale pour sa très-sainte Mère. Afin de ranimer le culte de la sainte Vierge dans le cœur de ses paroissiens, il établit le 2 février 1841 l'archiconfrérie du saint et immaculé Cœur de Marie.

Cette même année eut lieu une mission donnée par un Père Jésuite. (Registre paroissial.)

Pour raviver aussi la dévotion à la passion de Notre-Seigneur et aussi pour offrir un moyen efficace pour soulager les âmes du Purgatoire, le zélé pasteur avait introduit le pieux exercice du chemin de la croix. C'est lui qui fit ériger celui que l'on y voit encore. La bénédiction en fut faite le 7 février 1836 par M. Frain, alors supérieur du grand séminaire et vicaire général.

On le voit, le curé de Montigny, en se sanctifiant lui-même, ne négligeait aucun moyen de travailler à la sanctification des âmes qui lui étaient confiées. Son zèle et ses vertus toutes sacerdotales lui avaient acquis depuis longtemps l'estime et l'affection de ses paroissiens. Mais ils n'étaient pas seuls à connaître et à apprécier leur cher curé.

Nous avons déjà parlé de M. Leblanc de Lespinasse. C'était un ancien aide-de-camp de l'empereur Napoléon Ier.

A l'époque où nous sommes arrivés, en 1843, il habitait le château de Luanges, situé dans la paroisse d'Urzy. Un mot suffira pour faire le portrait de cet homme de bien. On l'appelait le « père » des pauvres ».

M. Leblanc possédait aussi des terres sur la commune de Montigny, où il venait de temps à autre. Mieux que personne, le vieux général connaissait, appréciait et aimait le curé de Montigny.

Il résolut de posséder ce trésor.

*
* *

M. de Lespinasse se présente un jour à l'évêché de Nevers, demandant à voir Mgr l'Évêque. Un illustre prélat, Mgr Dominique-Augustin Dufêtre, occupait alors le siége épiscopal.

Introduit auprès de Sa Grandeur, le gentilhomme demanda à son Evêque s'il pouvait lui accorder une faveur.

, — Je n'ai rien à refuser à M. de Lespinasse, répond gracieusement le prélat.

— Eh bien, Monseigneur, je viens prier humblement Votre Grandeur de vouloir bien transférer M. le Curé de Montigny-aux-Amognes à Urzy. Je tiens beaucoup à posséder ce prêtre dans ma paroisse. Si Votre Grandeur daigne agréer ma demande, je m'engage, en reconnaissance, à fonder et à entretenir à Urzy une maison de religieuses pour l'éducation des enfants.

L'Evêque ne s'attendait pas à pareille proposition.

— Ce que vous me demandez, monsieur de Lespinasse, est difficile à accorder, non pas que le sujet ne soit digne d'occuper un poste plus élevé : c'est le contraire. Mais, voyez-vous, ce bon curé de Montigny est aimé et déjà vénéré dans sa paroisse. Il sera difficile, bien difficile de l'en arracher.

— Monseigneur, objecta respectueusement le gentilhomme, Votre Grandeur a engagé sa parole.

— Eh bien, répond le prélat, visiblement embarrassé, j'en parlerai à mon Conseil.

Le vieux général sourit finement : il comprit que la bataille était gagnée.

L'ancien aide-de-camp de l'Empereur s'inclina profondément devant son Evêque et quitta joyeux le palais épiscopal, fier comme un général qui a remporté victoire.

*
* *

Quelques jours après, le curé de Montigny recevait de l'évêché de Nevers sa nomination à la cure d'Urzy. Elle est datée du 15 octobre 1844.

Le bon curé était loin de s'attendre à un changement.

Dès que la nouvelle fut connue, comme l'Evêque l'avait prévu, grand fut l'émoi dans cette petite paroisse de Montigny. L'humble presbytère fut littéralement envahi. Les bons paroissiens venaient en foule prier, conjurer leur cher pasteur de ne les point quitter. On parlait d'adresser à Mgr l'Evêque une pétition, d'aller au besoin trouver Sa Grandeur.

Le pasteur essaya de calmer son troupeau. Il

leur avoua combien il lui était pénible de les laisser, mais il leur rappela en même temps l'obéissance et le respect dus à l'autorité, et les engagea à se soumettre à la volonté de Dieu. Cette fois, le prédicateur ne persuada pas son auditoire.

Ignorant complétement ce qui s'était passé au palais épiscopal, quelques-uns des plus fins et des plus hardis imaginèrent de s'adresser justement à M. de Lespinasse. On le connaissait à Montigny ; c'était l'homme de bien par excellence, toujours disposé à rendre service; son intervention auprès de Sa Grandeur pouvait être, à tous égards, d'un grand secours.

Une ambassade part immédiatement de Montigny pour le château de Luanges. Ce fut M. de Lespinasse lui-même qui reçut les députés. Que se passa-t-il dans cette entrevue ? Que dirent les pauvres gens quand ils apprirent toute la vérité? Comment le châtelain s'y prit-il pour apaiser ces braves paysans ? — Qu'on le devine.

Les pauvres gens revinrent dans leur village abattus et consternés. La population fut obligée, cette fois, de se résigner; mais le pardon fut difficile à accorder : les flots soulevés mirent longtemps à se calmer.

Le dimanche suivant, les paroissiens de Montigny se trouvèrent réunis à l'église, pour entendre

les derniers conseils et recevoir les adieux de leur cher curé. Les larmes qui coulèrent de tous les yeux prouvèrent bien que l'Evêque ne s'était point trompé : « Le curé de Montigny était vrai-
» ment aimé et déjà profondément vénéré dans sa
» paroisse. »

De son côté, l'abbé Bonnet ressentit dans son âme la douleur qu'éprouve le père obligé de quitter sa famille.

« Le bon prêtre, » écrit dans un de ses savants ouvrages, M. le vicomte Walsh, « aime sa
» paroisse comme une mère, comme une épouse,
» comme une autre famille. Là il a consolé tant
» de douleurs, allégé tant de souffrances, secouru
» tant de misères, béni tant d'unions, élevé tant
» d'enfants, jeté l'eau bénite sur tant de tombes
» que son âme s'est mêlée, s'est idendifiée, fon-
» due pour ainsi dire dans toutes les émotions de
» ceux qu'il appelle ses enfants et ses frères.
» Aussi, quand il lui faut, par obéissance, se
» séparer de son troupeau, il y a déchirement, et
» si le pasteur osait, il dirait à son Evêque : Où
» ferai-je autant de bien qu'ici ? — Mais non, il
» faut être soumis pour enseigner la soumission,
» et le curé, sans murmurer, charge son petit
» bagage, ses livres, le crucifix que lui a donné
» sa mère, et se met en route. »

Cette parole s'accomplit pour l'abbé Bonnet. Ce fut par obéissance qu'il dit adieu à sa chère paroisse. — L'oiseau bien-aimé s'envola à regret de son cher petit nid.

****

Après avoir cultivé avec amour, pendant onze ans, ce premier champ que la divine Providence lui avait confié, le pasteur allait porter son zèle et son affection sur un autre troupeau, l'apôtre allait donner ses soins et prodiguer ses sueurs à un autre champ plus vaste et aussi, il faut bien le dire, plus difficile à cultiver.

CHAPITRE VIII.

—

M. BONNET CURÉ D'URZY. — « EGO SUM PASTOR
» BONUS ! » — FONDATION D'UNE MAISON DE
RELIGIEUSES.

—

> *Traham eos, in vinculis charitatis.*
> Je les attirerai dans les liens de la
> charité.   (Osée, xi, 4.)
>
> *Charitas enim Christi urget nos.*
> L'amour du Christ nous presse.
>   (II Cor., v, 14.)

La paroisse d'Urzy, voilà donc la nouvelle terre
que notre apôtre doit cultiver. Il succédait à
M. l'abbé Boulet, appelé à un autre poste.

L'abbé Bonnet prit possession de sa nouvelle
paroisse et y célébra sa première messe solennelle
le 1er novembre 1844, fête de tous les Saints (1).

---

(1) Urzy est situé à huit kilomètres environ de Nevers,
sur les bords de la Nièvre, qui arrose de vastes prairies et
fait tourner la roue de plusieurs moulins.

L'église, dont la nef a été entièrement reconstruite en

Nous l'avons dit, ce nouveau champ était plus vaste que le premier. La paroisse d'Urzy compte plus de 1,400 habitants ; celle de Montigny n'en a

---

1874, est orientée et placée sous le vocable de saint Denys. La population est partie agricole et partie industrielle : le plus grand nombre des ouvriers travaillent aux forges de Guérigny, paroisse voisine d'Urzy.

Au bourg d'Urzy, on voit le château qui figure dans les armes de l'évêché ; la terre qui en dépend, avec celle de Saint-Martin-d'Heuille, fut donnée ou restituée par Charlemagne à l'Église de Nevers ; — une paroisse y existait déjà dès le onzième siècle.

En face d'Urzy se dresse, sur la hauteur, le château des Bordes, autrefois un des plus riches et des plus beaux du Nivernais. Son plan qui, primitivement, était un carré long, fortifié à chaque angle d'une tour solide, rappelle le quatorzième siècle. Le château des Bordes relevait de l'évêché et conféra successivement à son possesseur les titres de baron et de comte. Dès le quinzième siècle, il appartenait à cette illustre famille nivernaise qui a donné à l'Église de Nevers l'évêque Imbert de La Platière, et à la France un guerrier célèbre, le maréchal de Bourdillon...

C'est sans doute la présence de l'aigle blanc sur les pilastres de la grille et dans l'intérieur du château qui a fait croire que les Bordes avaient été habités par un roi de Pologne.

Parmi les lieux historiques que l'on remarque sur le territoire de la paroisse d'Urzy, on peut citer encore le pont Saint-Ours, qui rappelle un miracle opéré par saint Aré, ancien évêque de Nevers au sixième siècle. Voici la

que 600. Le fardeau était donc augmenté du poids de 800 âmes !

L'amour de Dieu peut seul rendre ce fardeau supportable.

« C'est une grande chose que l'amour, » dit excellement le pieux auteur de l'*Imitation* : « c'est

---

légende telle qu'elle est racontée par Michel Cotignon et reproduite par le savant ouvrage que nous avons sous les yeux :

« Comme il (saint Aré) retournait à Nevers de la pa-
» roisse d'Aquitaine et eust envoyé un des siens devant
» pour donner avis de son arrivée, iceluy, nommé Our,
» ayant trouvé là rivière de Nyèvre débordée et les ponts
» rompus au lieu où il désirait passer, à une lieue de
» Nevers, il préféra le commandement dudit sainct Aré au
» péril de sa vie, car, s'étant hasardé de passer à cheval,
» il fut submergé dans l'eau ; dont, ayant advis, ledict
» sainct Aré alla au lieu où ledict Our s'était noyé, fit
» prière à Dieu que le corps d'iceluy Our vinst au bord
» de la rivière ; ce qu'estant faict, il supplia la divine
» Majesté qu'il Luy plust luy rendre la vie, ce qu'il obtint
» à l'instant. Depuis lequel temps ledict Our vécut sainte-
» ment longues années ; et où ce miracle fust faict, le pont
» estant rebâti, a esté nommé de ce nom le pont Sainct-
» Our qui jusqu'à présent en retient le nom. » *(Le Niver-
nois, 1, passim.)* Le même fait miraculeux est signalé aussi dans le Bréviaire romain, office propre du diocèse de Nevers, 14 août.

» de tous les biens le plus grand ; seul il rend
» léger ce qui est pesant... Il porte son fardeau
» sans en sentir la pesenteur : rien ne pèse à
» l'amour (1). »

Nous disons vrai en affirmant que ce fut l'amour divin qui donna au curé d'Urzy la force nécessaire pour supporter, vingt-cinq années durant, cette redoutable charge de 1,400 âmes ! Ce cher fardeau, oh ! comme il le porta avec amour sur ses pauvres épaules souvent meurtries ! Comme il les aima toutes ces âmes qu'il eut « à enfanter de nouveau » pour le Christ ! » selon l'expression de l'Apôtre.

Loin de faiblir ou de s'arrêter dans ce saint labeur, son zèle ira toujours en augmentant. Comme le soleil qui donne à la terre, pour la féconder, des rayons de plus en plus chauds, ainsi l'âme de ce prêtre, en s'élevant vers Dieu, va répandre autour d'elle la bienfaisante chaleur d'une charité toujours croissante. L'âme humaine, durant son pélerinage, elle aussi a ses saisons à parcourir.

Après avoir respiré le parfum des fleurs du printemps de cette âme sacerdotale, entrons maintenant dans l'ardente saison de l'été qui échauffe la terre et mûrit les moissons.

---

(1) *Imit. de J.-C.*, liv. III, ch. v.

Ici, cependant, au commencement de cette nouvelle route, il faut l'avouer, une difficulté se présente devant nous. Pour soutenir notre récit et intéresser le lecteur, nous ne trouvons rien d'éclatant, rien d'extraordinaire dans cette vie de prêtre.

Qu'on ne l'oublie pas, c'est la vie très-simple d'un très-humble curé de campagne que nous avons entrepris de raconter. Dans ces pages, écrites spécialement pour les amis de notre cher défunt, il ne faut chercher aucun fait merveilleux, aucune histoire à sensation; non, on ne trouverait rien de semblable. Dans le tableau que nous esquissons, point d'horizons sublimes, point de lumière éblouissante, point de ces sites ravissants qui arrêtent le touriste émerveillé. — Les verdoyantes prairies de la Nièvre, comme les champs argileux des Amognes, nous offriront toujours à peu près le même paysage. L'œil bienveillant du voyageur saura cependant y découvrir plus d'une beauté voilée dans ombre et deviner des traits charmants à peine ébauchés par des pinceaux inhabiles.

* * *

Tel pendant onze ans fut le curé de Montigny, tel sera pendant un quart de siècle le nouveau curé d'Urzy.

Pour faire du bien à ses nouveaux paroissiens,

6

pour les gagner à Dieu en les attirant à lui, l'abbé Bonnet suivit la même méthode qu'il avait employée avec succès dans sa première paroisse : il les aima ! Il aurait voulu les enchaîner tous dans les liens de la charité du Christ qui le pressait.

Il est impossible de dire combien l'abbé Bonnet aima sa chère paroisse d'Urzy. Oh ! comme son cœur s'approcha toujours avec bonté de tout le monde ! comme il savait surtout s'incliner plein de tendresse et de compassion vers les plus petits et les plus pauvres ! Quelle miséricorde surtout et quelle mansuétude à la recherche de la brebis égarée ! Quelle charité compatissante auprès des malades ! quel zèle, quel dévouement au chevet des mourants !

L'amour de Dieu, l'amour du prochain le constant oubli de soi-même, voilà en trois mots toute la vie de l'abbé Bonnet.

O chers habitants d'Urzy qui avez conservé le souvenir de ce prêtre aimé, vous qui lirez peut-être ces lignes, dites, n'est-ce pas la vérité que nous écrivons ? Oh ! quel bonheur j'éprouve à vous parler de celui qui vous aimait tant !

* * *

Arrêtons ici nos regards sur une des pages les plus suaves du saint Evangile.

De tous les titres que Notre Seigneur s'est donnés et qu'il a bien voulu partager avec ses prêtres,
il n'en est pas de plus sympathique que celui de
pasteur. *Ego sum pastor bonus* (1). « Je suis le
» bon pasteur, » nous dit-il lui-même au chapitre
dixième de l'évangile selon saint Jean. « Le bon
» pasteur donne sa vie pour ses brebis... Je con
» nais mes brebis et mes brebis me connaissent. »

Le prêtre qui doit être un autre Christ, *sacerdos
alter Christus*, doit aussi mériter le nom de bon
pasteur. Personne ne nous contredira si nous
affirmons que le prêtre dont nous continuons,
malgré notre indignité, à reproduire les traits,
fut un de ces bons pasteurs. — Nous allons voir
qu'il en remplit fidèlement les devoirs.

De même que l'eucharistie, d'après saint
Thomas, est l'abrégé des merveilles divines, la
charge pastorale est aussi le résumé des prérogatives sacerdotales. Le pasteur, en effet, est toujours
pontife, toujours prédicateur, toujours juge,
toujours père des pauvres, de telle sorte que tous
ses devoirs semblent renfermés dans celui-ci.

D'après l'Esprit-Saint, le bon pasteur doit
d'abord nourrir son troupeau : *Ipse pascet eas, et*

---

(1) Joan., x, 11.

erit eis in pastorem (1). Jésus-Christ, voilà le véritable aliment des âmes. Or, c'est par l'enseignement, par la prédication de la parole de Dieu que l'on commence de donner aux âmes cette divine nourriture.

L'abbé Bonnet s'appliqua de tout son cœur à distribuer ce pain quotidien.

Avouons-le sans peine, le curé d'Urzy n'avait point reçu le don brillant de l'éloquence ; disons-le, dans ses discours, ou plutôt dans ses très-simples mais toujours très-solides instructions, il n'observait guère les règles de la rhétorique. Souvent il lui arrivait de traiter dans le même sermon de Dieu, de sa bonté, de sa miséricorde infinie, — du péché, de ses châtiments, — du ciel, de l'enfer, de la nécessité de faire pénitence, du recours à la sainte Vierge... Un rhéteur l'eût peut-être mal jugé, et cependant ce curé de campagne, malgré les fautes commises contre l'art, avait la véritable éloquence : celle qui part du cœur. Et il était savant, parce qu'il possédait la vraie science, sans laquelle les autres ne sont rien — la science du Christ. *Scio Christum !* aurait-il pu dire avec l'Apôtre, si son humilité le lui eût

______

(1) Ezech., xxxiv, 23.

permis. — « Je sais le Christ, le Christ qui a été
» crucifié ! »

« Le secret de faire du bien en prêchant, »
disait un saint prélat, « c'est d'être Jésus, de par-
» ler comme Jésus, de parler de Jésus, de ne
» penser qu'à faire connaître, servir et aimer
» Jésus ! »

Le curé d'Urzy connaissait et employait ce
secret. Parfois, cependant, son zèle semblait l'emporter trop loin. Un grand jour de fête, quelqu'un
se permit de lui faire observer qu'il avait prêché
trop longtemps : il avait parlé plus d'une heure !
« J'en conviens, » dit-il, « j'ai parlé peut-être
» trop longuement; mais quand je vois mon église
» pleine d'hommes, je suis si content ! je ne puis
» m'arrêter : les pauvres gens, ils assistent si
» rarement à la messe ! »
Cette parole ne rappelle-t-elle pas l'effusion
surabondante de l'Apôtre, quand il écrivait à ses
chers Corinthiens : *Os nostrum patet ad vos, o
Corinthii, cor nostrum dilatatum est* (1)? « Je ne
» puis demeurer dans le silence : mon cœur se
» dilate quand je vous parle, ô Corinthiens !

______

(1) II Cor., vi, 11.

6.

» C'est l'amour du Christ qui m'entraîne ! »
Charitas Christi urget nos (1).

✶
✶ ✶

Le bon pasteur doit nourrir son troupeau avec condescendance. Il doit soigner à la façon des mères la portion des agneaux. « La mère, » dit un éminent écrivain, « possède une souplesse provi-
» dentielle pour se proportionner au bégaiement
» de l'enfant. Vainement la voix trop accentuée du
» père se fait entendre, elle n'est pas comprise ; la
» mère ne fait que murmurer, et le sourire de
» son nouveau-né lui répond ; la vérité du père
» est une nourriture trop forte pour être saisie ;
» celle de la mère est une sorte de lait intellectuel
» avidement saisi et aimé ; la vérité du père est
» un froid enseignement ; celle de la mère, en
» passant sur ses lèvres, s'y convertit en amour.
» Aussi, vainement l'enfant est borné ; elle lui
» exprime dans ses idiomes inarticulés du premier
» âge de ravissantes nuances qu'aucun génie ne
» traduira jamais. »

---

(1) II Cor., v, 14.

Voilà une terrestre mais délicieuse image du pasteur instruisant ses agneaux.

« Devant nous, » dit le R. P. Caussette, « s'offrent d'augustes exemples à imiter. Rappe- » lons-nous Notre-Seigneur lui-même, ce pre- » mier catéchiste du monde, se penchant à » l'oreille de l'humanité pour lui apprendre le » *Pater ;* son apôtre saint Paul, disant aux Corin- » thiens : *Lac vobis potum dedi, non escam : non-* » *dum enim poteratis* (1): Je vous ai donné à boire » du lait, vous n'auriez pu supporter une nourri- » ture plus solide ; saint Jérôme, enseignant les » éléments de la foi aux enfants du désert ; saint » Grégoire le Grand, trouvant des loisirs pour » l'instruction religieuse de la jeunesse romaine ; » saint Augustin, écrivant deux livres à un clerc » de Carthage sur la manière de catéchiser les » ignorants : *De Catechizandis rudibus ;* saint » Vincent Ferrier, arrêtant les enfants dans la rue » pour leur apprendre à faire le signe de la croix ; » saint François de Sales, catéchisant tous les » dimanches dans sa cathédrale ; Bellarmin, par- » courant les paroisses de son diocèse de Capoue » pour y expliquer le *Symbole*, et Bossuet, enfin,

---

(1) I Cor., iii, 2.

» Bossuet, ne craignant pas de descendre, en
» passant du discours sur l'*Histoire universelle* au
» catéchisme de Meaux, parce qu'il savait bien
» que le génie lui-même monte toujours quand il
» quitte ses propres pensées pour prendre celles de
» Dieu (1). »

A côté de ces noms glorieux nous sera-t-il permis d'inscrire le nom d'un humble curé de campagne ? Nous dirons, du moins, que, toute sa vie, l'abbé Bonnet se plut, lui aussi, et mit tous ses soins à instruire et à catéchiser les enfants.

« Oh ! que je me plais à faire le catéchisme, » disait-il plus tard. « C'est surtout là que l'on peut » faire du bien aux enfants. On ensemence leur » petite âme pour toute la vie ! »

Pour se rendre intelligible, il se faisait petit avec les petits. C'était le père, ou, mieux encore, la mère conversant familièrement avec sa chère petite famille.

***

Dans cette œuvre si laborieuse et si compliquée de l'éducation des enfants, la divine Providence

---

(1) *Manrèze du Prêtre.*

vint au secours de notre cher curé d'une manière
signalée.

Malgré la persécution qui sévit en ce moment
contre les ordres religieux, — peut-être même à
cause de cette hostilité, — tout homme qui juge
sainement comprend combien l'éducation religieuse des enfants est nécessaire et profitable aux
familles.

Le lecteur n'a pas oublié l'engagement pris par
M. Leblanc de Lespinasse au palais épiscopal. Le
brave gentilhomme ayant obtenu la faveur qu'il
avait demandée, tint, à son tour, la promesse
qu'il avait faite à son Evêque. Il fit construire à
Urzy sa maison de religieuses. Les événements de
1848 retardèrent un peu l'arrivée des deux religieuses, qui furent définitivement installées en
1852. Cette école libre fut confiée aux sœurs de
la Sainte-Famille de Besançon, si humbles, si
dévouées et partout si chéries des enfants. La
paroisse d'Urzy connut bientôt et apprécia le nouveau trésor que le seigneur de Luanges avait su
découvrir et dont il l'avait enrichie.

Inutile de dire que le curé d'Urzy trouva toujours dans ces bonnes religieuses les auxiliaires
les plus dévouées. Tout le temps qu'il passa dans
cette paroisse (c'est lui-même qui se plaisait à
le redire), elles furent son appui et sa consolation. Le bon Dieu a conservé la vénérable fonda-

trice qui, depuis bientôt trente ans, fait le bien au milieu de cette population. Elle y a élevé plusieurs générations d'enfants qui l'aiment et la vénèrent comme on doit aimer et vénérer une mère.

*
* *

En nourrissant son troupeau, le bon pasteur doit en même temps s'efforcer de le connaître. Cela lui est prescrit par cette parole de nos saints livres : *Diligenter agnosce vultum pecoris tui, tuosque greges considera* (1) : « Remarquez avec soin » l'état de vos brebis et considérez vos troupeaux, » et par cette autre plus vénérable encore : *Proprias oves vocat nominatim et educit eas et ante eas vadit* (2) : « Le bon pasteur appelle ses brebis, cha- » cune par son nom ; il les conduit et marche » devant elles. »

Pour remplir ce devoir, l'abbé Bonnet n'eut qu'à continuer ce qu'il avait fait dans sa chère paroisse de Montigny. Nous l'avons vu visitant tous les hameaux, entrant dans chaque maison, s'arrêtant avec bonté partout où il rencontrait un des siens. C'est ainsi qu'il fit à Urzy ; et, au bout

---

(1) Prov., xxvii, 23.
(2) Joan, x, 3.

de quelque temps, il parvint à connaître chaque village, chaque famille, chaque maison et chaque habitant de sa nouvelle paroisse. A Urzy on n'a pas oublié ces visites aimées et désirées de tous, surtout des pauvres et des malheureux que son bon cœur consolait et que ses aumônes réjouissaient.

*
* *

Le bon pasteur doit encore garder sa bergerie : *Die noctuque fugiebat somnus ab oculis meis, præ gregibus tuis, Domine* (1). Voilà l'image de la tutelle pastorale du prêtre. Il doit veiller sur son troupeau le jour et la nuit. Le prêtre est la sentinelle du Seigneur ; sa vie doit être une faction continuelle.

Quelle que soit la haine des impies contre les ministres de Dieu, le prêtre sera toujours aimé et désiré. Quelle est triste la paroisse où les cloches ne sonnent plus ! La pauvre église, comme une veuve éplorée, est ensevelie dans le deuil ; un voile semble étendu sur la paroisse ; on y perd l'habitude de la prière ; les enfants deviennent moins respectueux et moins obéissants, les malades ont

---

(1) Genes., xxxi, 40.

peur de mourir et le peuple entier souffre comme un enfant qui ne se croit pas aimé.

Notre cher curé aimait tendrement sa chère paroisse ; il ne s'en absentait jamais sans un motif sérieux. Il était là dans son pauvre presbytère, veillant sur les douleurs, veillant sur les infirmes, veillant sur les mourants, veillant et priant pour tous !

Oh ! que de fois, dans le secret de sa chambre, seul aux pieds de son crucifix, ou dans sa pauvre église, à genoux près de son autel, il dut répéter de toute son âme la belle prière de Jésus :

Pater rogo pro eis : « O mon Père, c'est pour » eux maintenant que je vous prie. » *Pater sancte, serva eos quos dedisti mihi* : « O mon Dieu, gardez, » protégez tous ceux que vous m'avez donnés, » afin que pas un ne périsse ! »

CHAPITRE IX.

CHARITÉ DE M. L'ABBÉ BONNET POUR LES PAUVRES ET LES PÉCHEURS. — LE VIEUX MENDIANT. — UN AMI VÉRITABLE.

> *Beatus qui intelligit super egenum et pauperem...*
> Bienheureux celui qui sait comprendre la misère du pauvre...
> (Ps. xl, 2.)
>
> *Beatus, qui invenit amicum verum.*
> Heureux celui qui a trouvé un ami véritable.　　(Eccl., xxv, 12.)

« Rien de plus précieux, » écrit saint Bernard, « rien de plus désirable dans l'église qu'un bon et » utile pasteur : » *Nihil in ecclesia pretiosius, nihil optabilius bono utilique pastore* (1).

---

(1) S. BERNARD, ép. 249 à Eug., pap.

« Le bon pasteur ne cherche pas à faire sa
» volonté, » continue le délicieux docteur, « mais
» à servir les intérêts de son Maître. Il ne se croit
» obligé qu'envers lui ; c'est pour lui qu'il tra-
» vaille, c'est lui qu'il honore ; c'est la gloire de
» son Maître qu'il cherche, et non la sienne : Au
» Roi des siècles, en effet, au Roi immortel et invi-
» sible, à Dieu seul honneur et gloire... »

Ce portrait du bon pasteur, tracé par un saint, l'abbé Bonnet essaya d'en reproduire tous les traits. La gloire de Dieu, la sanctification des âmes, c'était bien là, nous l'avons vu, la seule ambition de son cœur.

Nous savons combien il était heureux d'instruire son troupeau, comme il s'appliquait à connaître toutes ses brebis et avec quelle sollicitude et quel amour il veillait sur son cher bercail.

Un autre devoir du bon pasteur est de venir en aide à cette humble portion de son troupeau la plus déshéritée, la plus abandonnée et le plus souvent aussi la plus dédaignée : nous voulons parler des pauvres. Un des traits caractéristiques du curé d'Urzy fut sans contredit son affection spéciale et sa charité inépuisable pour les malheureux.

M. Bonnet aimait les pauvres parce que Notre-Seigneur les avait aimés et parce qu'il comprenait que, ne trouvant rien ici-bas que privations, peines et rebuts de tout genre, ils ont plus besoin d'être secourus et consolés.

Inutile de dire que tous les pauvres qui vinrent frapper à l'humble porte du presbytère furent toujours accueillis avec bonté. Le bon curé savait aussi assaisonner son aumône d'une de ces paroles plus précieuses qu'une pièce de monnaie, parce qu'elles font du bien au cœur.

Les gens du pays ont conservé le souvenir de la libéralité affectueuse de leur pasteur :

« Il donnait tout, » disent-ils encore, « il ne » gardait rien pour lui. »

Il est rare que les pauvres trouvent qu'on leur donne trop. Un jour, cependant, raconte un témoin oculaire, il s'en présenta un qui, après avoir reçu son aumône, en parut étonné. « Mais, » Monsieur le Curé, vous ne gardez donc rien » pour vous ? » — « Si fait, si fait, mon ami. J'en » ai encore, de la *ferraille*, j'en ai encore pour une » autre fois ! »

La misère des pauvres n'est pas la même pour tous. Si l'aumône doit être faite avec charité, elle doit être donnée aussi avec intelligence. Il est écrit : *Beatus vir qui intelligit super egenum et pauperem :* « Heureux celui qui sait comprendre » les misères du pauvre. »

M. Bonnet avait cette intelligence du malheureux. Avec un tact exquis, il savait donner plus ou moins, selon qu'il le fallait. Son bon cœur savait aussi deviner ces pauvres honteux qui n'osent pas demander, et ceux encore que des revers de fortune ont jetés dans la misère. Pour ceux-là surtout son cœur et sa main étaient toujours largement ouverts. « Ils souffrent plus que les autres, ils ont » droit à être mieux accueillis, » disait le bon curé (1).

La charité lui donnait des forces. On ne lira pas sans émotion le trait suivant que nous rapportons comme il nous a été raconté.

---

(1) Ici nous devons un mot d'explication au lecteur. Nous venons de voir que le curé d'Urzy faisait largement l'aumône ; or, personne n'ignore combien sont restreintes les ressources pécuniaires d'un curé de campagne. Pour venir en aide aux pauvres de sa paroisse et à tous les malheureux qui venaient à lui, le curé d'Urzy, avec son humble traitement, n'y aurait pas suffi longtemps : sa pauvre bourse eût été bientôt vide. La Providence sut y pourvoir. — Nous avons déjà parlé de la charité du châtelain de Luanges, si justement appelé le « père des pauvres. » M. de Lespinasse donnait lui-même abondamment, mais il se plaisait aussi à faire passer une partie de ses aumônes par les mains de son curé. De temps en temps, le charitable gentilhomme remettait à M. Bonnet, dont il connaissait la charité et le désintéressement, une somme d'argent à distribuer aux pauvres ; parfois aussi, l'aimable visiteur trouvait moyen d'entrer seul dans la petite chambre du

*
* *

Une nuit, le curé d'Urzy revenait de voir un malade : il suivait la grande route. Arrivé en face du château des Bordes, il aperçoit, à la blanche clarté de la lune, quelque chose d'informe sur le bord du chemin. Il s'approche et trouve un pauvre vieillard épuisé de faim et de fatigue. « Allons, mon pauvre ami, » lui dit le bon curé, » suivez-moi... » — « Hé ! Monsieur le Curé, » répond d'une voix presque éteinte le pauvre mendiant, « je le voudrais bien, mais je ne peux pas : » mes pieds sont tout enflés et tout meurtris, et » mes pauvres jambes ne peuvent plus me porter... » Je vais mourir ici !

» — Non, non, vous ne mourrez pas ! laissez-moi » faire. » Et ce disant, le charitable samaritain

---

pasteur, il ouvrait discrètement son vieux secrétaire, et le curé d'Urzy s'apercevait bientôt que sa providence était entrée chez lui ! De cette façon, jamais l'argent ne manquait à la caisse. C'est ce qui faisait dire avec tant d'assurance au bon curé : « Quand il n'y en a plus, il y en a » encore ! »

La paroisse d'Urzy perdit trop tôt son insigne bienfaiteur. M. Leblanc de Lespinasse mourut saintement, dans son château de Luanges, le 27 octobre 1854.

charge doucement sur ses épaules le pauvre déses-
péré : il le porta ainsi plus d'un kilomètre jusqu'à
son presbytère ; là, il le restaura et le fit coucher.
Le lendemain, le vieux mendiant, tout refait, vint
remercier son hôte charitable. Il se jeta à ses
pieds et lui dit les larmes dans les yeux : « Mon
» cher pasteur, je ne l'oublierai jamais, c'est vous
» qui m'avez sauvé la vie ; sans vous je serais
» mort !... Mais j'ai encore une grâce à vous
» demander... »

Ici le vieillard s'arrêta quelques instants... puis
il fit un effort et reprit d'une voix émue : « J'ai bien
» souffert dans ma pauvre vie, mais aussi, je
» l'avoue, je suis bien coupable. Il y a longtemps,
» — trop longtemps — il y a plus de quarante
» ans que je ne me suis pas confessé. Dieu me
» pardonnera, puisque je vous ai rencontré ! C'est
» à vous que je veux ouvrir mon cœur ! Monsieur
» le Curé, je vous en supplie, sauvez mon âme !
» Confessez-moi ! »

C'était l'heure de la messe. Le bon curé, ému
lui-même, conduisit par la main son hôte à
l'église, bénissant Dieu, chemin faisant, pendant
que les anges du ciel, contemplant ce spectacle, se
réjouissaient, parce que, sur la terre, un pécheur
converti allait faire pénitence.

* * *

Nous avons entendu raconter un autre trait de la charité du bon curé.

Une terrible maladie retenait au lit une pauvre femme, mère de plusieurs enfants.

Le curé d'Urzy part lui-même chercher un médecin de Nevers, M. le docteur ***, pour le prier de vouloir bien venir voir sa paroissienne.

« C'est une très-pauvre famille, mais je me » charge de vos honoraires, » ajouta le pasteur. Le docteur alla voir la malade et la guérit.

Quelque temps après l'abbé Bonnet se présente chez le docteur *** pour le remercier et le payer. Déjà le cher curé cherchait dans sa bourse : « Ah ! » pour cette fois, Monsieur le Curé, dit le doc- » teur, qui connaissait la charité de M. Bonnet, » pour cette fois, vous n'aurez pas seul le » mérite de cette bonne œuvre ! J'en veux ma » part aussi. Vous êtes venu vous-même me cher- » cher, vous avez fait deux fois à pied le voyage » de Nevers, c'est assez pour vous. Souffrez, » Monsieur le Curé, que je me charge de l'autre » moitié. » Et le charitable docteur refusa la pièce d'or que lui offrait son visiteur.

L'abbé Bonnet fut profondément touché de cet acte de bonté et de désintéressement. Son cœur n'en perdit jamais le souvenir, et, plus tard, quand il parlait de ce médecin de Nevers, qui vit encore, il ne manquait jamais de l'appeler « ce » bon et cher docteur ».

Un cœur si aimant devait être aimé à son tour. Nous croyons dire vrai en affirmant que le curé d'Urzy fut aimé et vénéré par tous ceux qui l'ont connu. Ceux-là même qui, malheureusement, vivaient éloignés de Dieu et de la pratique des sacrements le respectaient. Ils reconnaissaient dans ce prêtre un véritable ministre de Jésus-Christ, et ils rendaient justice à ses vertus.

* * *

Nous voudrions ici donner à lire une belle page de la vie de notre cher défunt. Nous voudrions faire connaître une affection qui honora et réjouit la vie de ce prêtre si digne d'être aimé.

On l'a dit avec raison : un des plus impérieux et peut-être le plus universel besoin de l'homme ici-bas, c'est d'aimer et d'être aimé, mais d'aimer et d'être aimé de cette affection particulière, noble et généreuse qu'on appelle l'amitié.

On a écrit des volumes entiers et de beaux volumes sur l'amitié : la poésie lui a consacré ses chants les plus tendres et ses plus sublimes inspirations ; la peinture lui a réservé ses plus brillantes et ses plus suaves couleurs ; la musique lui a dédié ses plus délicieuses harmonies.

Quelques-uns de nos esprits-forts, ennemis déclarés de la religion, ont fait à l'Évangile le reproche ridicule de n'avoir pas parlé de l'amitié. Comme si une religion fondée sur l'amour pouvait enseigner ou laisser aux hommes l'aridité du cœur ! « Aimez-vous les uns les autres, » dit Notre-Seigneur. A chaque page des saints Évangiles nous sommes invités à la charité, à la concorde, à l'union.

Le divin cœur de Jésus lui-même n'a pas voulu rester étranger à l'amitié, et nous savons qu'il a eu des amis : Lazare et ses deux sœurs sont de ce nombre. Saint Jean est son disciple bien-aimé, et, du haut de la croix, il lui donne, en confiant sa mère à ses soins, un témoignage touchant de la plus tendre amitié. Notre-Seigneur a voulu avoir des amis pour nous être semblable en tout point et pour nous offrir, en sa divine personne, le modèle accompli, l'idéal réalisé de la plus parfaite amitié.

« On sait, » remarque, en son délicieux langage, saint François de Sales, « que saint Pierre » chérissait tendrement saint Marc et sainte Pétro- » nille, comme saint Paul faisait son Timothée et » sainte Thècle. Saint Grégoire de Nazianze se

» vante cent fois de l'amitié qu'il eut avec le
» grand saint Basile. Saint Augustin témoigne
» que saint Ambroise aimait uniquement sainte
» Monique pour les rares vertus qu'il voyait en
» elle et qu'elle, réciproquement, le chérissait
» comme un ange de Dieu.

» Saint Jérôme, saint Augustin, saint Grégoire,
» saint Bernard et tous les plus grands serviteurs
» de Dieu ont eu de très-particulières amitiés
» sans intérêt que de leur perfection. Saint Paul,
» reprochant le détraquement des Gentils, les
» accuse d'avoir été des gens sans affection, c'est-
» à-dire qui n'avaient aucune amitié, et saint
» Thomas, comme tous les bons philosophes,
» confesse que l'amitié est une vertu. La perfec-
» tion, » conclut l'aimable docteur, « ne consiste
» donc pas à n'avoir point d'amitié, mais à n'en
» avoir que de bonne, de sainte, de sacrée. »
(Intr. à la vie dév., ch. xix.)

L'Esprit-Saint a fait l'éloge de ce don précieux
du ciel. « Quel trésor qu'un ami véritable ! Heu-
» reux celui qui l'a trouvé, » dit l'Ecclésiastique.
« Rien ne saurait être comparé à l'ami fidèle : son
» attachement est plus précieux que les richesses. »
(Eccl., vi, 13.) « Sans ami, » dit à son tour le
pieux auteur de l'*Imitation*, « on ne peut vivre
» heureux. »

Heureux surtout, ajouterons-nous, bienheureux le prêtre qui a su trouver un autre prêtre vraiment ami !

*
* *

Ce trésor, d'autant plus précieux qu'il est plus rare, l'abbé Bonnet eut le bonheur de le découvrir. Cette affection du cœur, cette bonne et suave amitié, sœur de la charité chrétienne, toujours dévouée, toujours tendre et généreuse, fidèle jusqu'à la mort, elle s'offrit à lui dès le début de sa carrière sacerdotale. Ce fut elle qui soutint et charma la plus grande partie de sa vie.

Nous avons déjà parlé de M. l'abbé Prioul, alors curé de Saint-Sulpice. Les relations amicales qui s'étaient déjà établies entre les deux confrères voisins, alors que M. Bonnet était curé de Montigny-aux-Amognes, furent constamment entretenues. La séparation, toujours si redoutée des amis, ne brisa point cette amitié. Urzy est situé à dix kilomètres environ de Saint-Sulpice. Les deux amis se faisaient visite réciproquement tous les quinze jours environ. Que se passait-il dans ces pieuses conversations, dans ces entretiens tout assaisonnés de gaieté et d'affabilité? Les vrais amis le devinent sans peine.

Pour connaître et apprécier l'amitié de M. Prioul et de M. Bonnet, il faut relire cette délicieuse page du saint évêque de Genève qui, mieux que personne, a su traiter ce sujet.

« O Philotée ! aimez chacun d'un grand amour
» charitable ; mais n'ayez point d'amitié qu'avec
» ceux qui peuvent communiquer avec vous de
» choses vertueuses, et plus les vertus que vous
» mettrez en votre commerce seront exquises, plus
» votre amitié sera parfaite.
» O qu'il fait bon aimer en terre comme l'on
» aimera au ciel, et apprendre à s'entre-chérir en
» ce monde, comme nous ferons éternellement
» dans l'autre ! Je ne parle pas ici de l'amour
» simple de charité, car il doit être porté à tous
» les hommes ; mais je parle de l'amitié spirituelle
» par laquelle deux ou trois ou plusieurs âmes se
» communiquent leur dévotion, leur affection
» spirituelle, et se rendent un seul esprit entre
» elles, qu'à bon droit peuvent chanter de pareilles
» âmes : *O que voici combien il est bon et agréable*
» *que les frères habitent ensemble !...* »

Telle fut l'amité qui unit les deux âmes sacerdotales dont nous parlons. Cette particulière affection revêtait ici un caractère qui la rendait plus
sacrée encore. Nous savons que les deux amis se
confessaient mutuellement et se dirigeaient l'un
l'autre dans les sentiers de la perfection.

Nous l'avons dit, cette amitié, parce qu'elle était vraie, dura jusqu'à la mort. Après une longue et douloureuse maladie que l'art fut impuissant à guérir, M. l'abbé Prioul mourut le 29 août 1859, en la fête de la Décollation de saint Jean-Baptiste, qui était aussi son patron. Il a laissé dans le cœur de tous ceux qui l'ont connu le souvenir ineffaçable d'une bonté et d'un dévouement tout apostoliques.

L'abbé Bonnet pleura son ami. Et, parce que l'amour est plus fort que la mort, l'affection du curé d'Urzy pour son cher curé de Saint-Sulpice resta vivante dans son cœur. Lui-même, il l'avouait longtemps après : « Depuis la mort de » mon cher ami, » disait-il, « je ne l'ai pas oublié » un jour au saint autel. »

⁎
⁎ ⁎

Terminons ce chapitre par ce vœu du cœur : Dieu nous fasse la grâce de rencontrer, dans notre vie, une amitié semblable à celle de ces deux amis !

CHAPITRE X.

PÉLERINAGE DE M. L'ABBÉ BONNET A LA SALETTE ET A ARS. — ENTREVUE DE M. BONNET ET DE M. VIANNEY.

Le lecteur bienveillant nous permettra de faire ici une petite digression à notre récit.

Nous voudrions parler d'un voyage que fit à la Salette et à Ars, en 1858, notre cher curé d'Urzy.

Il n'est personne qui ignore les nombreuses apparitions de la sainte Vierge en France depuis une trentaine d'années. Parmi ces **apparitions** reconnues véritables, on peut sans crainte placer au premier rang celle de Notre-Dame de la Salette.

Ce grand événement eut lieu sur une montagne élevée de la chaîne des Alpes françaises, le 19 septembre 1846, trois mois après l'élection de Pie IX au souverain pontificat.

Une grande dame, revêtue d'un manteau de lumière, couronnée d'un diadème dont aucun front royal ne connut jamais l'éclat, se montrait à deux jeunes bergers. Elle ne dit pas son nom. Toutefois, à l'abondance de ses larmes, à la véhémence de sa douleur, aux accents de sa voix, on reconnaissait une mère. Cette mère affligée, les événements l'ont demontré depuis, c'était Marie, la mère de Jésus !

Des pélerins nombreux accourent bientôt de toutes parts, pour vénérer les lieux sanctifiés par cette céleste apparition.

D'après une note que nous avons sous les yeux, en 1858, du mois de mai au 24 juillet, plus de deux cent cinquante prêtres de divers diocèses de France et de l'étranger avaient déjà fait le pélerinage de la Salette.

Cette même année, M. Bonnet partit pour la sainte montagne. Il y retourna une seconde fois en 1866, avec celui qui écrit ces lignes.

Accompagnons par la pensée notre pieux pélerin et laissons, durant quelques jours, les plaines verdoyantes de la Nièvre pour contempler les sommets neigeux des Alpes.

*
* *

N'irait-on à la Salette que pour jouir d'aspects imposants qui charment la vue et élèvent l'âme, l'attente ne serait point déçue.

Impossible là-haut, sur ces montagnes sublimes, de se voir à 2,000 mètres au-dessus du niveau de la mer sans que l'esprit et le cœur montent vers les cieux ; impossible de ne point s'arrêter ravi en face de ces immenses horizons qui se perdent dans l'azur du ciel, beau, dit-on, comme le beau ciel de l'Italie ; impossible de ne pas sentir une religieuse émotion en présence de cette magnifique église romane que, dans cette solitude, on dirait bâtie de la main des anges ; mais surtout, pour celui qui fait de son voyage un pélerinage, impossible de ne pas se sentir pénétré de dévotion lorsqu'on s'agenouille là-même où les larmes de la Mère de Dieu ont coulé de ses yeux, quand on suit le même chemin qu'elle-même a tracé, quand on foule le même gazon que son pied virginal a effleuré. Non, en face de tant de merveilles, au sein d'une atmosphère si vivifiante, le cœur plein de si saints souvenirs, encore une fois, il est impossible de ne pas sentir l'admiration et l'enthousiasme envahir l'âme !

O chères montagnes des Alpes, il y a quatorze ans que j'ai eu le bonheur de vous contempler, en la douce compagnie de l'ami que j'ai perdu ; votre souvenir m'est encore présent.

Je vois encore vos gazons tout émaillés de fleurs et vos roches abruptes ; je m'arrête pour entendre gronder vos torrents au fond des abîmes ou pour contempler ces beaux lacs endormis dont le limpide cristal reflète, comme l'âme humble, l'image du ciel. Je vois encore, comme autrefois, en plein soleil d'été, vos cimes qui s'élancent comme des géants dans l'air, toutes couvertes d'une neige immaculée et, en présence de spectacles si grandioses, je m'écrie encore comme à vingt ans :
« O mon Dieu ! mon Dieu ! que vos œuvres sont
» belles ! Montagnes et collines, fleurs odorantes,
» neiges et glaciers, torrents mugissants, bénissez
» le Seigneur, louez-le et exaltez-le dans les
» siècles des siècles !

» Et vous qui pleurez à cause de nous au pied
» de la montagne, ô Notre-Dame de la Salette,
» priez pour nous ! »

Qu'on nous pardonne cette digression, — un peu trop longue peut-être, — et revenons à notre cher ami que nous retrouvons sur la sainte montagne.

*
* *

M. Bonnet eut le bonheur d'arriver à la Salette et de s'agenouiller dans son sanctuaire béni au mois de septembre 1858. Il y passa cinq jours, occupé à se sanctifier et à prier pour sa chère paroisse d'Urzy et pour tous les siens.

Durant son séjour sur la sainte montagne, il rencontra Maximin Giraud, alors âgé de vingt-trois ans, qui descendait à son village des Ablandins. Le petit berger était devenu un solide montagnard, aux allures décidées.

L'abbé Bonnet eut quelques minutes d'entretien avec l'heureux privilégié de la sainte Vierge, qui lui affirma, comme il l'avait déjà fait des milliers de fois, l'authenticité et la véracité de l'apparition.

Tous ceux qui ont eu le bonheur de faire le beau pélerinage de la Salette sauraient dire combien il en coûte de quitter ces lieux bénis, de dire adieu à cette montagne sainte où on se sent, pour ainsi parler, plus près de Dieu, plus près du ciel, pour descendre vers ces régions inférieures où s'agitent et se choquent les intérêts et les passions des hommes.

Là-haut il fait si bon ! *Bonum est nos hic esse !* « Il fait bon pour nous d'être ici, » s'écriaient, dans le ravissement de l'extase, les apôtres sur le Thabor lumineux, en face de leur Maître transfiguré ! « Oh ! qu'il fait bon ici ! » Cette parole a été dite aussi par tous les pélerins de la Salette qui se sont agenouillés au pied de la statue de la Mère de Dieu ! O Marie, ô Notre-Dame de la Salette, oui, il fait bon près de vous ! Mais votre divin Fils nous veut ailleurs. La vocation du chrétien, celle du prêtre surtout, n'est pas de jouir ici-bas. Il lui faut accomplir la volonté de Dieu, en faire sa nourriture, vivre et mourir en pouvant dire à toute heure : « Je fais ce qui lui est agréable. »

M. Bonnet éprouva sans doute cette tristesse du cœur quand il fut obligé de quitter la Salette.

Il emporta de la sainte montagne, non-seulement des souvenirs pieux, des chapelets et des médailles pour ceux qu'il avait laissés dans la plaine, mais son cœur aussi emporta, avec un amour plus grand pour Dieu, une dévotion plus tendre pour la sainte Vierge, un zèle plus ardent pour les âmes, le souvenir ineffaçable d'un de ces jours de grâces qui valent mieux que mille jours passés au milieu des pécheurs !

*
* *

Avant de rentrer dans sa chère paroisse, le curé d'Urzy devait faire un autre pélerinage et y goûter,

auprès d'un saint, de nouvelles joies particulièrement précieuses et douces pour le cœur d'un
prêtre.

En quittant la Salette, notre voyageur prit le
chemin qui mène à Ars.

Ars ! voilà, écrit en trois lettres, le nom d'une
humble paroisse à jamais illustre.

Ars est un village de l'ancienne principauté des
Dombes dont a été formé l'arrondissement de
Trévoux. Cette paroisse appartient au diocèse de
Belley.

« Des collines de peu d'élévation, » écrit l'auteur de la *Vie du curé d'Ars*, « des vallons boisés,
» de faibles cours d'eau qui portent leur tribut à
» la Saône, quelques hameaux disséminés de dis-
» tance en distance, des fermes isolées, des chemins
» creux et couverts qui courent entre les buissons :
» voilà la physionomie générale du pays. Toute
» cette surface légèrement ondulée est émaillée de
» prairies, de terres labourables et de haies vives.
» Ars se cache dans un pli de terrain qu'arrose
» le Fontblin, dont les eaux coulent nonchalam-
» ment entre deux rangées d'aunes courbés en
» berceau sur son lit. La population de cette
» paroisse est tout entière agricole (1). »

---

(1) *Vie du curé d'Ars.*

C'est là que vécut quarante-un ans le saint prêtre dont le nom est connu et vénéré dans la France entière : M. l'abbé Jean-Baptiste Vianney.

Parmi les signes éclatants qui font de notre siècle un de ceux où Dieu a le plus manifesté sa puissance, il est permis de placer au premier rang le pélerinage d'Ars. Ce pélerinage, qui a duré plus de trente ans, de 1825 à 1859, avec un concours et un retentissement merveilleux, tiendra certainement une large place dans les annales chrétiennes du dix-neuvième siècle. On ne pourrait dire le nombre des pélerins que la dévotion ou même la curiosité ont amenés à Ars.

A partir de 1835, époque à laquelle fut établi un service régulier de voitures publiques partant de Lyon, l'ébranlement devint général et le mouvement vers Ars quasi-européen. « Chaque année, » écrit le biographe de M. Vianney, « plus de » vingt mille personnes commencèrent à affluer » dans cet obscur village. »

*
* *

Sur cette même route nous retrouvons, au milieu de la foule recueillie des pélerins, notre cher curé d'Urzy, qui arriva à Ars le 21 septembre 1858.

Le lendemain, M. Bonnet eut le bonheur d'être admis auprès de M. le Curé d'Ars.

L'entrevue eut lieu à la sacristie. Comment peindre la rencontre de ces deux prêtres qui avaient (c'est le témoignage de tous ceux qui ont pu faire la comparaison) tant de traits de ressemblance ?

On a dit avec raison que le vénérable curé d'Ars avait reçu de Dieu, à un très-éminent degré, le don de discernement des esprits. Les voiles dont notre chair couvre l'âme étaient transparents en lui... il lisait à livre ouvert dans le cœur de ceux qui l'approchaient. Les exemples de cette lucidité surnaturelle ne sont pas rares dans la vie des saints.

Pour n'en citer qu'un trait, il est raconté dans la vie de saint Paul, premier ermite, qu'ayant reçu la visite de saint Antoine, il l'accueillit avec un visage riant. Puis les deux solitaires se donnèrent le saint baiser, s'appelant par leur propre nom sans s'être connus auparavant : *Quibus inter se,* dit le Bréviaire romain, *cum antea non nossent, proprio nomine consalutantibus...* » (Office de saint Paul.)

Un fait presque analogue se passa dans l'église d'Ars.

Dès que le serviteur de Dieu eut aperçu le nouveau visiteur qui venait d'être introduit, un rayon de joie illumina sa face vénérable, le saint arrêta avec amour un long regard , son regard brillant et doux , sur cet humble prêtre ; comme le soleil traverse en s'y reflétant un limpide cristal, son âme pénétra lumineuse dans cette âme sacerdotale qu'elle semblait reconnaître ; puis, dans le joyeux transport d'un ami qui retrouve son ami long-temps désiré , le saint d'Ars, avec une tendresse ineffable, ouvrit ses deux bras, et les resserrant affectueusement sur son cœur , il tint longtemps embrassé celui qui venait à lui (1).

De quelles délices fut inondé le cœur des deux saints, quelles célestes effusions s'échappèrent (on nous passera bien le mot) de l'âme de ces deux curés d'Ars ?... Les saints sauraient seuls le comprendre et le dire.

Nous regrettons de n'avoir point d'autres détails à donner sur le séjour de l'abbé Bonnet à Ars. On interrogea bien plusieurs fois le curé d'Urzy sur ce voyage ; à différentes reprises on lui de-

-----

(1) Cette scène touchante a été racontée à un pélerin nivernais , venu à Ars, quelques jours après notre cher curé , par le gardien même de l'église qui était chargé d'introduire les étrangers. Frappé de la ressemblance du nouveau visiteur (M. Bonnet) avec M. Vianney, il avait eu la curiosité de le suivre des yeux dans la sacristie et avait été ainsi témoin de la suave entrevue que nous avons essayé de rapporter.

manda bien ce que le curé d'Ars lui avait dit...
Les plus fins ne purent jamais obtenir de réponse.
L'humilité de notre cher curé garda toujours,
sur cette question, un silence invincible.

Ce que nous pouvons ajouter, c'est qu'il rapporta, entre autres souvenirs, de son pélerinage
plusieurs images marquées d'une croix et signées
de la main même de M. Vianney.

Nous avons le bonheur d'en posséder une que
nous avons trouvée dans le bréviaire de notre
cher défunt.

* *
*

Après avoir prié dans le sanctuaire béni d'Ars,
après avoir été l'heureux témoin de la dévotion
d'une foule toujours croissante de pélerins que la
grâce de Dieu conduisait aux pieds du vénérable
thaumaturge, l'abbé Bonnet reprit le chemin
qui devait le ramener au milieu de ses chers
paroissiens.

Deux jours après il était de retour à Urzy.

8

CHAPITRE XI.

VIE INTIME DE M. L'ABBÉ BONNET. — SON PORTRAIT.
— SES VERTUS : SA FOI, SA CONFIANCE EN DIEU,
SA CHARITÉ, SON HUMILITÉ, SA PAUVRETÉ, SA
MORTIFICATION.

> *Nunc manent fides, spes, charitas…*
> *major autem horum est charitas.*
>
> C'est maintenant le règne de la foi,
> de l'espérance, de la charité… mais
> la charité est la plus grande de ces
> vertus.   (I Cor.,, xiii, 13.)
>
> *Flores apparuerunt in terra nostra.*
> Les fleurs ont paru sur notre terre.
>   (Cant., ii, 12.)
>
> *Per flores virtutes signantur.*
> Les fleurs symbolisent les vertus.
>   (S. Bonav.)

Après avoir gravi les flancs escarpés des Alpes et
nous être agenouillé, en la compagnie de notre
cher pélerin, au pied de la statue de Notre-Dame
de la Salette ; après avoir, dans un autre sanc-

tuaire, reposé nos regards sur les traits vénérables d'un saint, nous avons quitté à regret l'église d'Ars et nous nous retrouvons, en ce moment, dans l'humble presbytère d'Urzy.

Nous invitons le lecteur bienveillant à s'y reposer quelques instants.

Entrons avec confiance dans cette paisible solitude d'un presbytère de campagne, et profitons de nos quelques instants de repos pour faire plus ample connaissance avec notre hôte.

Nous voudrions, si le sujet n'est pas trop au-dessus de nos forces, faire connaître à nos lecteurs quelques détails de la vie intime de ce prêtre selon le cœur de Dieu. Nous voudrions tracer les principales lignes de cette physionomie où la mortification avait gravé son empreinte sacrée, et reproduire quelques traits de cette âme vraiment sacerdotale.

On a dit que le curé d'Ars avait le don merveilleux de paraître aux yeux de tous un autre Jésus-Christ. On se rappelait, en le voyant, cet éloge que M. Olier a fait du Père de Condren :

« Il était comme l'hostie de nos autels; au » dehors, on voit les accidents et les apparences » du pain, mais au dedans, c'est Jésus-Christ. »

Qu'on nous permette de rapprocher ces deux figures de saints, comme tant d'autres l'ont déjà

fait et comme l'attestent et nous autorisent à le
dire les nombreux témoignages, dont plusieurs
trouveront place à la fin de ce volume.

Oui, ce prêtre aimé de Dieu, comme le saint curé
d'Ars, reproduisait aussi, au dedans de lui, la
sainte image, les traits sacrés de Jésus-Christ.

La physionomie de M. Bonnet rappelait aussi,
avons-nous dit, celle du saint thaumaturge. Que
le lecteur juge lui-même :

« M. Vianney était de petite taille; sa com-
» plexion, sans exclure une certaine vigueur, indi-
» quait une nature éminemment nerveuse. L'âge
» et les travaux n'avaient rien enlevé à ses mem-
» bres de leur souplesse et de leur élasticité : les
» ressorts étaient neufs, les articulations libres et
» les mouvements vifs et prompts. On voyait à
» l'agilité de ses membres que son enfance robuste
» s'était développée au milieu des mâles exercices
» de la vie champêtre. Par un rare privilége, il
» conserva jusqu'au dernier moment le plein exer-
» cice de ses organes et de ses facultés...

» Sur sa face amaigrie et empreinte de la pâleur
» des mortifications et des veilles, on ne lisait rien
» de terrestre et d'humain, on ne voyait que le
» sceau de la grâce divine : c'était comme l'enve-
» loppe fragile et diaphane d'une âme qui ne tient
» plus à la terre... » Et encore: « Son regard était

8.

» un foyer de tendresse et de miséricorde quand il
» se fixait sur quelqu'un. Il avait alors cette puis-
» sance mystérieuse et cette candeur attractive que
» le Seigneur accorde à ceux qui lèvent souvent
» les yeux vers lui. »

Ceux qui ont connu le prêtre dont nous parlons sauraient dire, à notre place, que le portrait
que nous venons de transcrire lui convient aussi.

Qu'on nous permette de reproduire, à l'appui de
cette affirmation, une lettre écrite par une noble
main :

« MON BIEN CHER CURÉ,

» Votre bon oncle est un de ces hommes qu'on
» n'oublie pas quand on les a connus, et je le prie
» comme un bon saint qu'il est. Vous avez bien
» fait de penser à écrire cette vie humble et pure.
» Votre cher oncle est un second tome du curé
» d'Ars, et dans sa vie modeste et retirée il aura
» fourni un saint de plus au dix-neuvième siècle
» qui, avec ses turpitudes, sera, j'en suis sûr, pour
» l'histoire, un des meilleurs de l'Église catho-
» lique...

. . . .

» Mis DE C*** »

« Je n'ai jamais oublié et n'oublierai jamais, »
écrit aussi un prêtre éminent du clergé de Nevers,
« notre saint curé d'Urzy, comme nous aimions à
» l'appeler. Sa figure, aussi bien que son austérité,
» nous rappelait le curé d'Ars... »

* * *

Après avoir arrêté nos regards sur les traits
sanctifiés de notre cher curé, à travers cette enve-
loppe spiritualisée — *si est corpus animale, est et
spiritale* (1), dit saint Paul, — essayons de péné-
trer jusqu'à cette substance mystérieuse, cette âme
qui est le principe vital du corps et sa forme selon
le profond langage de l'ange de l'école.

L'âme du bon chrétien, ornée de la grâce sanctifiante, revêt, sans doute, une beauté incomparable ; elle offre un spectacle ravissant à Dieu et à
ses anges.

La grâce sanctifiante ou habituelle est, en effet,
la vie divine en nous; elle est une participation à
la nature divine ; de sorte que, par un prodige ineffable, ce qui est substantiellement en Dieu existe
accidentellement dans l'âme qui la possède.

---

(1) I Cor., xv, 44.

Avant la naissance de cette grâce, Dieu est bien présent à l'âme. Il lui est présent, comme à toute créature, par puissance, par présence et par essence, comme le dit encore saint Thomas (1). La grâce sanctifiante venue, notre âme est enrichie d'une nouvelle présence de Dieu distincte de la première, mais tout aussi réelle : la présence par amour : « Si quelqu'un m'aime, » a dit Notre-Seigneur Jésus-Christ lui-même, « nous vien- » drons en lui et nous ferons en lui notre » demeure. »

S'il en est ainsi de l'âme du bon chrétien en général, que dire de l'âme du prêtre en particulier? de cet homme choisi par Dieu, *ego elegi vos* (2), du prêtre devenu l'ami du Cœur de Jésus, *jam non dicam vos servos, vos autem dixi amicos* (3), du prêtre revêtu d'une puissance divine, d'après le beau témoignage d'un Père : *Potestas sacerdotis est sicut potestas divinarum personarum* (4).

Pour mettre dans tout son éclat la grandeur du prêtre, saint Bernardin de Sienne a établi une

---

(1) S. Thomas, *Som. théol.*, p. 1, q. 8, a. 3.
(2) Joan., xv, 16.
(3) *Ibid.*, xv, 15.
(4) S. Bern. Sen., serm. 20.

échelle de proportion remarquable. Après avoir montré que le prêtre l'emportait en dignité sur les rois, que sa puissance est plus grande que celle des anges et des archanges, le pieux auteur fait une troisième ascension. Il s'élève jusqu'au trône de la Mère de Dieu, et là, humblement prosterné, baisant ses pieds avec confusion, il ose dire à la Reine du ciel : « Excusez l'orgueil de ma foi, ô » Reine ! je ne vous rabaisse point, mais votre » divin Fils a placé le sacerdoce au-dessus de » vous ! » *Excusa me, Mater, non loquor contra te sacerdotium ipse prætulit super te !*

Ces pensées sur la dignité du prêtre, qui ne sont pas une digression, nous aideront à mieux comprendre cette âme sacerdotale dont nous voulons parler.

Nous voudrions dire un mot des vertus de notre cher curé.

La théologie admet, à bon droit, une division dans les vertus, mais une biographie n'est pas un traité. Dans cette corbeille spirituelle, richement ornée par l'Esprit-Saint, nous nous contenterons de cueillir, çà et là, quelques fleurs. Nous les offrirons volontiers au lecteur, qui saura en savourer le parfum.

Nous parlerons brièvement de la foi, de la

confiance en Dieu, de la charité de ce prêtre bien-aimé ; nous finirons ce chapitre en disant un mot de son humilité, de sa pauvreté et de sa mortification.

**

Parler de la foi d'un prêtre, en faire l'éloge, peut paraître étrange, de prime abord. Pour peu que l'on réfléchisse, on sera vite convaincu que la foi, étant le fondement et la base de toutes les autres vertus, doit occuper le premier rang. Son importance est souveraine. Sans la foi, comment espérer en Dieu ? Comment l'aimer si, avant tout, on ne croit pas en lui ? Comment observer sa loi sainte ? Comment pratiquer l'humilité, la patience, la mortification et les autres vertus, si on ne croit fermement que Dieu fait de ces vertus un commandement formel ?

Celui qui croit vivement agit avec force : il est nécessairement fervent.

M. l'abbé Bonnet avait reçu le don de la foi dans un degré éminent. La foi ! c'était bien l'aliment spirituel de ce juste, le mobile de ses actions. C'était « cette lampe allumée » dont parle le Prophète et qu'il tenait à la main pour se conduire. Tous ceux qui ont connu ce prêtre aimé de Dieu ont été frappés, sans doute, de cette foi vive qui se manifestait dans toute sa conduite, mais

surtout à l'église, quand il priait, quand il annon-
çait la parole de Dieu ou qu'il administrait les
sacrements.

Si le témoignage de celui qui écrit ces lignes
peut avoir quelque valeur, nous dirons : Nous
aussi nous l'avons vu prier, réciter le saint
office, et avec quelle attention et quelle dévotion !
nous l'avons vu se préparer à monter au saint
autel, et avec quelle piété et quel recueillement !
nous l'avons vu célébrer le saint sacrifice, et avec
quelle ferveur ! Nous nous rappelons toujours ses
visites au Saint-Sacrement ; nous n'oublierons
jamais son attitude au pied du tabernacle, son
regard qui semblait contempler Celui qui se voile
à nos yeux, l'accent de sa voix lorsqu'il parlait de
Jésus, de Jésus présent au milieu de nous, prisonnier d'amour pour nous !... son empressement
lorsqu'il fallait porter aux pauvres malades les
consolations de la religion !...

*
* *

« Une grande foi, » dit le père Saint-Jure, « pro-
» duit par une nécessité morale une grande espé-
» rance et une grande charité. »

M. Bonnet avait une espérance et une confiance
illimitée en Dieu. Il se plaisait à répéter ces deux

maximes de saint François de Sales : « Si Dieu
» nous aide nous ferons prou. » — « Si Dieu nous
» garde nous serons bien gardés. » Son abandon
à la divine Providence était complet. Il disait
encore : « Le bon Dieu sait mieux que nous ce
» qui nous convient. Il n'arrivera que ce qu'il
» voudra. »

Faut-il ajouter que cette confiance absolue en
Celui qui dirige tout excluait de l'âme de ce
prêtre toute présomption et tout découragement ?

Nous avons trouvé dans un de ses livres de piété
une note écrite de sa main. Elle contient les pensées suivantes relatives à cette vertu d'espérance :

« Faisons la guerre au découragement qui n'a
» jamais produit aucun bien ; guerre à la pré-
» somption qui enlève à l'âme le secours de Dieu.

» Guerre au découragement qui attaque la bonté
» de Dieu ; guerre à la présomption qui provoque
» sa justice.

» Guerre au découragement qui abat ; guerre à
» la présomption qui endort ! »

*
* *

Il n'y a, dit saint Paul, que la charité qui
demeure au ciel : la foi se perd dans la vision béa-

tifique, l'espérance s'évanouit par la possession de son divin objet ; seule, la charité ne peut être éteinte : *Charitas nunquam excidit.*

Comment parler du règne de l'amour de Dieu dans le cœur de ce prêtre dont la vie fut toujours fervente ? Aimer Dieu ! comment le prêtre pourrait-il se soustraire à cette obligation qui renferme toutes les autres et contient la plénitude de la loi ? *Plenitudo legis est dilectio* (1).

Celui qui aime Dieu se plaît à penser à Dieu, à parler de Dieu, à agir pour Dieu, à combattre le péché en lui et dans les autres.

N'est-ce pas le programme accompli par le prêtre dont nous parlons ?

« Aujourd'hui, » disait sainte Thérèse, « je » veux aimer Jésus plus qu'hier !.. » Cette ardente résolution, l'abbé Bonnet ne s'efforça-t-il pas, lui aussi, de la mettre en pratique tous les jours de sa vie ?

L'amour de Dieu, l'amour du prochain pour Dieu, voilà la flamme qui embrasa ce cœur si tendre et si compatissant, le désir constant, la généreuse aspiration de cette âme sainte !

---

(1) Rom., xiii, 10.

* *

Après avoir cueilli, à la hâte, quelques fleurs dans le jardin mystique où nous avons invité le lecteur à entrer, ajoutons, pour achever notre bouquet spirituel, trois autres fleurs dont le suave parfum embaumera notre âme.

Tous les péchés du monde venant des trois concupiscences, les vertus opposées qui doivent surtout caractériser le prêtre seront : l'humilité, la pauvreté et la mortification.

Cherchons d'abord, cachée sous ses feuilles comme sous un voile, cette fleur dont le parfum embaume les airs : la modeste et odorante violette. Tout, dans cette aimable fleur, dit saint Bernard, la petite taille, la position près de la terre, l'odeur, la couleur, rappelle manifestement l'humilité.

Cette fleur suave se trouve aussi dans notre parterre mystique.

Oh ! qu'elle fut humble cette âme de prêtre ! Oh ! comme elle aima toujours à se tenir cachée, cette fleur sacerdotale ! mais aussi quels délicieux parfums elle exhala toujours !

Toute sa vie l'abbé Bonnet se distingua par son humilité. Enveloppé dans sa modestie, pénétré du sentiment de son abjection, il resta, lui aussi, toujours en sûreté au milieu des éloges et des voix qui proclamaient autour de lui ses vertus et sa vie sainte.

Impossible à l'œil le plus exercé de découvrir sur son visage l'expression de la gêne, les traces d'une préoccupation personnelle quelconque, d'un retour sur lui-même qui sentît les joies ou les anxiétés de l'amour-propre.

Citons plutôt le témoignage de M. le Doyen de Corbigny :

« Humble et modeste dans ses goûts, il chercha
» toujours à s'effacer. Il ne comprenait pas qu'il
» pouvait être l'objet d'une attention. S'il tenait à
» l'estime de ses paroissiens, c'est qu'il la jugeait
» nécessaire pour leur faire du bien. Mais le désir
» de la popularité n'effleura jamais son âme. »

*
*   *

Il est une autre fleur que l'abbé Bonnet cultiva toujours avec grand soin dans son jardin spirituel : nous voulons parler de la belle vertu de pauvreté...

« L'avarice, » dit saint Paul, « est la racine
» de tous les maux. » Dans le monde il y a, surtout maintenant, une soif de l'or, un désir insatiable de fortune et de richesses qui perd les âmes.

La vie du prêtre, selon le cœur de Dieu, doit être une protestation constante, un exemple permanent de détachement et de pauvreté.

Qu'il est pauvre le Jésus de nos pauvres tabernacles ! On raconte de saint Vincent de Paul que, portant ses regards sur l'autel, il redisait avec un redoublement de ferveur : *Jesu, pater pauperum miserere nobis !* « Jésus, père des pauvres, ayez pitié » de nous ! »

Tous les saints ont aimé et pratiqué, chacun selon leur état, cette belle vertu.

« Mon saint, » disait le saint évêque de Genève, « c'est saint François, avec l'amour de la pau- » vreté ! »

L'abbé Bonnet sut aussi, nous le répétons, cultiver cette riche vertu qui apporte toujours avec elle, dit saint Jean Climaque, la paix et la tranquillité de l'esprit.

Ceux qui sont entrés dans son humble presbytère ont remarqué comme tout y était pauvre. Ils n'ont pas oublié sa pauvre chambre, son pauvre lit, son pauvre mobilier. Un crucifix, une statue de la sainte Vierge, trois ou quatre tableaux, c'était là tout l'ornement des murailles. En entrant dans cette chambre, qui ressemblait à la cellule d'un religieux, on croyait entrer dans un sanctuaire. C'était, en effet, le sanctuaire de la piété, de la pénitence et des vertus évangéliques. « Là où est votre trésor, » dit le saint Évangile, « là aussi se trouve votre cœur. » Bien certainement le cœur du curé d'Urzy n'eut jamais aucune affinité avec l'or et l'argent : nous savons qu'il était ailleurs.

Cet admirable détachement ne rappelle-t-il pas ces paroles que l'Église met sur les lèvres du prêtre à l'office des confesseurs non pontifes :

Beatus vir qui inventus est sine macula et qui post aurum non abiit, nec speravit in pecunia et thesauris. Quis est hic? et laudabimus eum. Fecit enim mirabilia in vita sua (1).

*
* *

Nous choisissons, pour la cueillir, une dernière fleur, une fleur d'autant plus belle qu'elle est plus rare dans le monde : la fleur qui symbolise la vertu de mortification.

On l'a dit : la première passion du temps actuel est la réhabilitation de la chair. En réponse et en opposition, la première vertu du prêtre sera le crucifiement de la chair ; le principal dogme du

---

(1) *Offic. conf. non pont. capitul.*

jour, c'est le culte du plaisir; le principal exemple du prêtre sera l'amour de la mortification.

« Ceux qui appartiennent à Jésus-Christ, » dit l'apôtre saint Paul, « ont crucifié leur chair avec » ses vices et ses concupiscences. » Saint Augustin dit aussi « que pour aller à Notre-Seigneur, il faut » faire deux pas : le premier est de mourir et de » renoncer à toutes choses qui sont en nous ; le » second est de renoncer et de mourir à soi-même » qui est le plus difficile ».

C'est toujours sur les ruines de la nature, a dit un pieux auteur, et sur les afflictions de la chair que la grâce établit sa domination souveraine. C'est après que nous avons tout donné et tout sacrifié que Dieu vient dans l'âme et l'enrichit de ses dons.

M. Bonnet l'avait compris. La mortification, nous ne craignons pas de l'avancer, fut sa vertu de prédilection, et, si nous ne nous trompons, le trait caractéristique de cette âme pénitente. Tout en lui était mortifié: le cœur, l'esprit et les sens. Son corps surtout, son pauvre corps, amaigri par les austérités, il le traita toujours durement et sévèrement.

Dans cette œuvre de mortification volontaire, plusieurs fois la maladie vint en aide à notre cher curé. Deux ou trois fois, chaque année, la fièvre lui faisait visite. C'était pour le malade une nouvelle occasion de souffrir et de mériter. Pour se guérir, il employait d'ordinaire un moyen qui souvent réussissait : il jeûnait et faisait la diète plusieurs jours. La visiteuse mal accueillie disparaissait, et le bon curé, débarrassé, disait d'un air victorieux : « J'ai pris mon ennemi par la » famine ! »

On raconte dans l'admirable *Vie du curé d'Ars* que le démon, jaloux des mortifications du saint et furieux de ses jeûnes et de ses continuelles abstinences, l'appela un jour d'une voix moqueuse : « Mangeur de truffes ! » Nous ne sachons pas que M. Bonnet eût jamais maille à partir avec le malin esprit, mais, assurément, le démon ne devait pas voir d'un bon œil la pauvre table du curé d'Urzy.

C'est une pensée de Bossuet, dans son sermon sur les démons, que ce que nous perdons pour le corps, nous le gagnons pour l'esprit.

C'est aussi la maxime de nos maîtres spirituels qu'un prêtre ne sera vraiment saint si la mortification du goût lui est étrangère.

« La perfection, » dit saint Liguori, « consiste » en grande partie à mortifier la sensualité du » goût. »

Saint Philippe de Néri dit un jour à un de ses pénitents qui n'avait pas bien pratiqué cette mortification : « Mon enfant, si vous ne mortifiez pas » votre goût, vous ne serez jamais un saint. »

Assurément l'abbé Bonnet sut mettre en pratique ces précieux conseils.

CHAPITRE XII.

PIÉTÉ FILIALE DE M. BONNET ENVERS SA MÈRE. — TENDRE UNION DE LA MÈRE ET DU FILS. — M. BONNET PERD SA MÈRE, — DERNIÈRE MISSION DONNÉE EN 1869 A URZY PAR UN P. JÉSUITE. — Mᵍʳ FORÇADE NOMME M. BONNET CURÉ DE MAGNY-LORMES.

> *Honorem habebis matri tuæ omnibus diebus vitæ tuæ.*
> Vous honorerez votre mère tous les jours de sa vie.　　　　(Tob., iv, 3.)
>
> *Angelo ecclesiæ Thyatiræ scribe : ... Novi opera tua, et fidem, et charitatem tuam, et ministerium, et patientiam tuam, et opera tua novissima plura prioribus.*
> Écrivez à l'ange de l'église de Thyatire :
> « Je connais vos œuvres, votre foi, votre
> » charité, votre ministère, votre patience
> » et vos derniers travaux, plus grands
> » encore que les premiers. »
> 　　　　　　　　（Apoc., ii, 18, 19.)
>
> *Dixitque angelus Dei ad me in somnis : Jacob, ... nunc ergo, surge, egredere de terra hac.*
> Et l'ange de Dieu me dit en songe :
> « Jacob, lève-toi maintenant, et sors de
> » cette terre. »　　（Genes., xxxi, 11, 13.)

Dans la pâle esquisse de la physionomie que nous venons de tracer, nous avons négligé sans doute bien des traits : notre intention n'est pas, avons-nous dit, de célébrer une à une toutes les vertus qui ont orné cette âme sacerdotale.

Nous n'avons choisi que les principales. Mais parce que, au dire de saint François de Sales, qui résume sur ce point la doctrine théologique, « Jamais les vertus ne se contrarient l'une l'au- » tre, mais ont une très-grande union par ensem- » ble (1) », et « comme une vertu n'est pas vertu » parfaite si elle n'est pas accompagnée de toutes » autres (2), » le lecteur, qui connaît notre jardin mystique, saura terminer lui-même ce qui est inachevé. Nous lui laissons le plaisir de cueillir de sa main, pour finir le bouquet, ces autres fleurs délicates et tendres qui embellissent ce par- terre embaumé : l'affabilité, la simplicité, la dou- ceur et surtout la bonté, plantes gracieuses, fleurs suaves qui charment les regards et répan- dent autour d'elles un parfum céleste, ce délicieux arôme que l'apôtre saint Paul appelle « la bonne » odeur de Jésus-Christ ! »

⁎
⁎ ⁎

Avant de quitter le presbytère d'Urzy nous voudrions présenter aussi à ceux qui ont bien

---

(1) *Traité de l'amour de Dieu*, liv. X, ch. 9.
(2) *Ibid.*, liv. XI.

voulu nous y accompagner, une personne qui vivait alors dans la douce compagnie de notre cher curé.

Le lecteur n'a pas oublié la pieuse femme d'Arringette, cette mère si dévouée qui aima si tendrement et sut élever si chrétiennement cet enfant que nous avons vu grandir.

Cette mère, nous la retrouvons au presbytère d'Urzy, auprès de celui qu'elle appelle maintenant « son cher curé ».

Devenue veuve en 1846, Mme Bonnet distribua son temps et son affection à ses trois enfants qu'elle avait élevés avec le même soin et la même affection ; mais de son temps et de ses tendresses elle réserva toujours la meilleure part à son curé.

La plus grande partie de l'année, M. Bonnet avait la joie de posséder auprès de lui celle qu'il aima toujours si tendrement et qu'il se plaisait à appeler : « Ma chère mère, ma bonne mère. »

Il y aurait ici un chapitre délicieux à écrire sur cet amour maternel qui allait au fils et cette piété filiale qui, en retour, rayonnait du fils à la mère.

Dans la solitude de son presbytère, le prêtre en général, le curé de campagne en particulier, a besoin de trouver un cœur sincèrement ami qui partage son affection et surtout qui compatisse à ses peines.

Le cœur de sa mère, voilà un de ces trésors précieux où le prêtre peut puiser en toute sécurité et à pleines mains. — Heureux le prêtre qui possède ce trésor !

L'abbé Bonnet conserva toujours, nous le répétons, son affection, toute la candeur de son affection à sa mère.

Oh ! oui, après l'amour de Dieu et de la sainte Vierge, l'amour de sa mère occupa toujours la première place dans son cœur !

« O ma chère mère, » lui disait-il souvent, en lui prenant les mains dans ses deux mains, « que
» je suis heureux de vous voir ici auprès de moi !
» Que le bon Dieu est bon de nous avoir réunis ! »

« O mon cher enfant, » reprenait à son tour l'heureuse mère, « vous avez toujours fait ma joie
» et ma consolation ! Que le bon Dieu soit loué et
» béni ! Jamais nous ne pourrons le remercier
» assez de ses bienfaits ! »

Le soir venu, à la fin de ces journées toujours occupées et toujours bien remplies, parce qu'elles se passaient toutes au service de Dieu, dans cette petite chambre, ou plutôt dans ce sanctuaire où nous avons introduit le lecteur, au pied de la statue de la sainte Vierge, le fils et la mère priaient ensemble; ils répétaient la belle prière

que la mère avait apprise autrefois à son enfant,
cette même prière que le petit berger d'Arringette
se plaisait à redire, dans le creux des vallons,
près de ses blanches brebis :

« Notre Père, qui êtes aux cieux, que votre nom
» soit sanctifié, que votre règne arrive, que votre
» volonté soit faite...
» Je vous salue Marie, pleine de grâces, le
» Seigneur est avec vous, vous êtes bénie entre
» toutes les femmes... »

Et les anges gardiens de ces deux âmes saintement réunies contemplaient sans doute ce beau
spectacle et écoutaient ravis ce doux murmure de
prières pour l'emporter au ciel !...

* *
*

Non-seulement la présence de sa mère était
pour M. Bonnet une joie et un appui, elle était
aussi un objet d'édification pour la paroisse. On
savait combien elle se plaisait à l'église, où elle
passait de longues heures, combien elle était
compatissante et charitable envers les pauvres.

La bonne mère trouvait aussi le moyen de
seconder selon ses forces, et comme il convient,
le zèle de son cher curé.

Le dimanche, elle se plaisait à choisir dans les pauvres qui avaient assisté à la messe quelques bonnes femmes, — les plus malheureuses étaient ses préférées : — « Venez, allons, venez avec moi, » — leur disait-elle gaiment au sortir de l'église. Elle les emmenait à la cure. Présentées par « la bonne » maman », comme elles se plaisaient à l'appeler, les pauvres femmes étaient sûres d'être bien accueillies ; elles avaient leur part de l'humble déjeuner du curé d'Urzy. Puis, le repas achevé, Mme Bonnet ne laissait point partir ses invitées. Après la nourriture corporelle venait la réfection spirituelle. Pour les garder jusqu'aux vêpres, elle avait imaginé un moyen assez ingénieux : elle leur faisait une lecture dans un livre qu'elle affectionnait tout particulièrement : elle l'appelait « son » livre ». C'était la vie de la très-sainte Vierge d'après les révélations de Marie d'Agreda. C'était dans ces pages qui donnent de si merveilleux détails sur la vie cachée de la Mère de Dieu que cette âme simple et croyante se délectait.

Elle était heureuse de pouvoir utilement partager son bonheur.

Mme Bonnet continua ainsi, en la compagnie de son cher curé, à aimer et à faire aimer le bon Dieu jusqu'à sa mort, qui arriva en 1867.

Après une vie tout entière passée dans la prière, le travail et la pratique des vertus chrétiennes,

cette âme sainte quitta la terre le 7 novembre 1867,
à sept heures et demie du matin, pendant que son
cher curé offrait pour elle le saint sacrifice de la
messe.

Mme Bonnet était dans la quatre-vingt-dixième
année de son âge (1). Elle avait annoncé qu'elle
mourrait dans l'octave de la Toussaint.

Cette mort fut un terrible coup pour M. Bonnet;
la foi seule l'aida à le supporter.

Mme Bonnet avait témoigné le désir d'être
enterrée dans le cimetière de sa paroisse natale.

Ce fut le curé d'Urzy qui voulut rendre à sa
mère ce dernier devoir de la piété filiale.

Il accompagna lui-même la dépouille mortelle
jusqu'à Chaumard. Quel jour de larmes et de
sanglots !

Les larmes ne sont pas condamnées par l'Église.
Jésus pleura devant la tombe de Lazare, et en
voyant couler ses larmes les Juifs se disaient :
Ecce quomodo amabat eum ! « Voilà comment il
» l'aimait ! »

Les pleurs que versa aux funérailles de sa mère

---

(1) Nous avons trouvé cette mort relatée dans le bréviaire de notre cher défunt. On lit au bas d'une page :
*Die 7ª mensis novembris 1867ª obiit mater mea dilectis-
sima !!! In timore et amore Dei semper vitam duxit :
neminem lingua læsit.*

le fils bien-aimé dont nous parlons, attestaient aussi ce que l'on savait déjà : M. Bonnet avait pour sa mère la plus tendre et la plus forte des affections.

Le fils laissa sur la tombe de sa chère mère la meilleure part de son cœur.

On dit que l'on oublie vite les morts. Cette parole n'est point applicable ici. M. Bonnet avoua lui-même que trois ans durant il pleura sa mère. Tous les ans, au jour anniversaire de sa mort, l'abbé Bonnet ne manqua jamais de se rendre à Chaumard, où l'attirait aussi un prêtre ami, un de ces cœurs tout aimants et tout dévoués qu'on ne peut oublier (1), afin d'y faire célébrer un service pour le repos de l'âme de sa mère.

Faut-il ajouter que notre pieux curé ne manqua jamais non plus de réciter tous les jours son chapelet à l'intention de sa mère défunte ? Sur la fin de sa vie, un soir qu'il récitait ainsi son chapelet, quelqu'un de sa famille lui demanda pour qui il le disait.

« Mais tu ne devrais pas me demander à quelle
» intention je récite mon chapelet du soir : tu sais

----

(1) M. l'abbé Bachelier, alors curé de Chaumard et actuellement chanoine honoraire de Nevers.

» bien que c'est pour mon cher père et ma chère
» mère. »

Ainsi, après treize ans, le cœur du fils avait
conservé vivant le souvenir de sa mère.

Bel et touchant exemple de piété filiale.

« Vous honorerez votre mère tous les jours de
» sa vie, » disait Tobie à son jeune fils.

Ce conseil, on vient de le voir, M. Bonnet sut
aussi le mettre en pratique.

*
* *

Nous approchons de la fin de cette deuxième
période de la vie de M. Bonnet. Nous venons de
voir combien le cœur de ce fils si aimant avait été
affligé par la mort de sa mère ; d'autres épreuves
attendaient le cœur du prêtre.

Nous l'avons déjà dit, si la paroisse d'Urzy
était plus populeuse que celle de Montigny, le
champ était aussi plus difficile à cultiver. Dans
cette terre spirituelle, l'apôtre dépensa toutes ses
forces, il prodigua tout son dévouement et toute sa
charité.

Il fit appel aussi à d'autres dévouements : il
appela à sa vigne d'autres ouvriers apostoliques.
Nous voulons parler des missions que le zélé

pasteur fit donner à plusieurs reprises à Urzy.
Cinq et six fois dans l'espace de vingt-cinq ans
il fit venir d'éloquents missionnaires, dont la
parole ardente était capable de toucher et de con-
vertir les cœurs les plus endurcis. M. Bonnet
s'adressait de préférence aux RR. PP. Jésuites.
Parmi ces religieux qui vinrent ainsi évangéliser
la paroisse d'Urzy, il convient de citer le R. P.
de Bengy, un des glorieux martyrs de la Commune qui tombèrent sous les balles des fédérés, —
à la rue Haxo — le 27 mai 1871.

Toutes ses missions firent du bien sans doute;
mais elles ne produisirent point l'effet que pouvait
en attendre le zélé pasteur. L'indifférence religieuse persistait pour le plus grand nombre.

M. Bonnet tenta un dernier effort.

*

Mgr Forcade, alors évêque de Nevers, devait
donner la confirmation, pour la paroisse d'Urzy,
à la fin de mai 1869.

A cette occasion, M. l'abbé Bonnet fit venir
un Père Jésuite de la maison de Bourges le
R. P. Fauconnier.

Les exercices de la mission commencèrent. Les
instructions se faisaient alternativement à l'église

paroissiale et aussi dans un des hameaux les plus importants situé à trois kilomètres du Bourg.

Au début, tout alla pour le mieux. La population entière vint entendre la parole si claire, si persuasive du prédicateur.

Plus de deux cents hommes assistèrent régulièrement à ses instructions du soir. En voyant un auditoire relativement si nombreux et si recueilli, le Jésuite, satisfait, était de plus en plus rassuré sur le succès de la mission. « Ça va bien, ça va » bien, mon cher curé, répétait-il, confiance ! — » Le bon Dieu, cette fois, fera son œuvre. »

Les deux apôtres laissaient leur cœur s'ouvrir à l'espérance !...

Hélas ! cette espérance n'était encore qu'une illusion !

Le but d'une mission est principalement de ramener à Dieu les brebis égarées, et le moyen offert par la bonne Providence, c'est, après la prédication, le sacrement de Pénitence, la confession.

La mission touchait à sa fin.

Le prédicateur, après avoir félicité son nombreux auditoire de sa bonne volonté et de son recueillement, lui annonça qu'il lui restait encore un pas à faire. Avec toute la charité, toute la condescendance et aussi avec tout le zèle dont il était capable, il l'invita à faire une bonne et salutaire confession.

« Le digne pasteur que vous connaissez et véné-
» rez depuis vingt-cinq ans et moi-même, » ajouta-
t-il, « nous sommes à votre disposition.

» Ne craignez point de nous fatiguer. Dus-
» sions-nous passer la nuit au confessionnal,
» nous resterons. »

Un silence, mais un silence glacial succéda à
ce pressant appel de la grâce.

****

« Un homme, » dit Notre-Seigneur dans le
saint Évangile, « prépara un grand repas auquel
» il invita beaucoup de monde, et, à l'heure mar-
» quée, il envoya son serviteur avertir les invités
» de venir, parce que tout était prêt. Mais tous se
» mirent à s'excuser ! »

. . . .

Pareille chose se passa à peu près pour cette
mission d'Urzy.

Faut-il le dire ? pas un de ces hommes n'accepta
l'invitation qui lui était faite au nom de Dieu.
Nous nous trompons, un d'entre eux, mais *un
seul*, osa élever la voix au milieu de cette foule
qui se retirait honteuse : « Eh bien, moi,
» Monsieur le Curé, s'écrie à haute et intelligible

» voix ce brave vainqueur du respect humain,
» moi, je veux me confesser ! »

Ce fut la seule conquête, le seul fruit extérieur de cette mission qui avait été si éloquemment prêchée. Le prédicateur était stupéfait : le cœur de l'abbé Bonnet fut navré.

« Mon cher curé, voilà bien des missions que » je donne, » lui dit le Père Jésuite; « mais, je » l'avoue, je n'ai point rencontré encore pareille » indifférence. Oh ! que vous avez dû souffrir dans » cette paroisse, mon cher curé ! »

« Oui, j'ai beaucoup souffert ! » se contenta de répondre le pauvre pasteur avec un accent de tristesse indéfinissable.....

*
* *

Sur ces entrefaites, Mgr Forcade vint à Urzy.

M. Bonnet épancha son cœur dans le cœur de son Évêque et, persuadé qu'un autre prêtre serait plus capable que lui de faire le bien dans cette paroisse, il demanda au prélat, — d'après l'avis du prédicateur, — de vouloir bien le décharger du fardeau qui l'accablait.

L'Evêque, qui appréciait et affectionnait particulièrement le cher curé d'Urzy, essaya de le rassurer et de le fortifier par de bienveillantes paroles.

M. Bonnet insista :

— Monseigneur, je ne demande qu'une chose à Votre Grandeur : qu'elle daigne seulement me dire que je ne suis plus chargé de cette paroisse.

— Eh bien ! mon cher curé, reprit le prélat, je n'ai, en ce moment-ci, qu'une toute petite paroisse vacante ; c'est bien une bonne paroisse, bien religieuse ; mais elle est si petite que je n'ose vraiment vous l'offrir : c'est Magny-Lormes, dans le canton de Corbigny.

— Monseigneur, la plus petite paroisse est celle qui me convient.

— Vous acceptez ?

— J'accepte bien volontiers, Monseigneur.

— Eh bien ! c'est fait, dit le prélat : je vous nomme curé de Magny-Lormes.

Le nouveau titulaire s'agenouilla humblement aux pieds de son Evêque, le remercia et lui demanda sa bénédiction.....

Le même jour, Mgr Forcade se rendit au château de Luanges. Ce fut lui qui apprit à ses hôtes la nomination qu'il venait de faire.

La nouvelle fit une triste impression. Un des invités, M. Col, alors maire d'Urzy, se joignit à M. Leblanc de Lespinasse pour prier Sa Grandeur de vouloir bien leur laisser le cher curé que toute la paroisse aimait et vénérait.

Grand fut leur désappointement quand l'Evêque

leur avoua que c'était M. le Curé d'Urzy qui avait demandé lui-même son changement !.....

Personne ne nous contredira si nous ajoutons que cette nouvelle fit aussi une douloureuse sensation dans la paroisse tout entière. Les habitants d'Urzy, avons-nous dit, ne pratiquaient pas, pour la plupart, leurs devoirs religieux, mais ils aimaient et vénéraient celui qui les aimait tant !

Les plus indifférents, nous le répétons, rendaient justice à ses vertus.

* * *

Le dimanche 18 juillet 1869 M. Bonnet fit ses adieux à ses paroissiens.

Il leur fit connaître la cause de son départ; mais de son cœur plein de charité il ne tomba aucune parole amère ; le père donna ses derniers conseils à ses enfants, il leur fit sa dernière exhortation ; le pasteur recommanda à Dieu son cher troupeau, il le bénit une dernière fois, puis il descendit de chaire.....

Le saint sacrifice de la messe s'acheva au milieu des larmes des assistants !

. . . .

Deux jours après, le pauvre mobilier du curé d'Urzy prenait le chemin qui devait le conduire à Magny-Lormes.

M. Bonnet ne quitta qu'à la nuit son pauvre presbytère.

Il bénit, sur le seuil, quelques personnes dévouées qui l'avaient toujours consolé au milieu de ses épreuves, puis le pasteur partit !.....

Il jeta en passant un dernier regard sur sa chère église et il s'éloigna, le cœur plein d'émotion, de ce champ que, pendant un quart de siècle, il avait cultivé avec amour, où il avait semé, lui, et où d'autres mains allaient peut-être moissonner.

. . . .

*
* *

« Jérusalem ! Jérusalem ! » disait Jésus pleurant sur la ville ingrate, « que de fois j'ai voulu » rassembler tes enfants, comme la poule réunit » ses poussins sous ses ailes !

» Et tu ne l'as pas voulu ! »

. . . .

CHAPITRE XIII.

> Mon fils, que les travaux que vous avez entrepris pour moi ne brisent point votre courage, et que les afflictions ne vous abattent pas entièrement ; mais qu'en tout ce qui vous arrive ma promesse vous console et vous fortifie.
>
> Je suis assez puissant pour vous récompenser au-delà de toutes bornes et de toute mesure.
>
> Faites ce que vous avez à faire ; travaillez fidèlement à ma vigne et je serai moi-même votre récompense.
>
> (*Imit. J.-C.*, l. III, c. 47.)

Nous entrons dans la troisième et dernière période de la vie sacerdotale de M. Bonnet. Elle s'écoulera tout entière, doucement et sans bruit, dans la solitude d'un des plus humbles presbytères de campagne.

M. Bonnet prit possession de sa nouvelle paroisse le dimanche 25 juillet 1869.

Il succédait à M. l'abbé Augustin Bonnet (1), décédé le 27 mai de la même année, le jour même de la Fête-Dieu.

Il avait été curé de cette paroisse pendant trente-six ans. Durant tout ce temps, cet homme de Dieu avait fait le bien : ses paroissiens en ont conservé un bon souvenir.

Personne ne sera surpris si nous ajoutons que son successeur continua son œuvre.

La réputation de sainteté que ses vertus lui avaient justement acquise avait précédé M. Bonnet dans sa nouvelle paroisse ; aussi, la religieuse population de Magny-Lormes fut-elle heureuse en apprenant son arrivée.

L'abbé Bonnet fut accueilli comme l'envoyé de Dieu, et les bons paroissiens ne tardèrent pas à reconnaître que leur nouveau pasteur était, en tout point, digne de leur estime et de leur profond respect.

Inutile de dire combien le cher curé fut touché des marques de respectueuse affection dont il ne cessa d'être entouré.

---

(1) Cette homonymie ne révèle aucune parenté.

« Oh ! que je me trouve bien dans mon petit
» Magny ! » écrivait-il quelque temps après son
arrivée. « Ici, hommes et femmes, tout le monde
» vient à la messe. Le dimanche, ma petite église
» est pleine ; il en vient encore un bon nombre
» à vêpres. Les sacrements sont fréquentés. Oh !
» que je me trouve heureux, je me crois en
» paradis ! »

Le bon curé s'empressa de faire part de son
bonheur à son Évêque en remerciant Sa Grandeur
de lui avoir confié un poste aussi consolant.

Voici la réponse du vénérable prélat :

« Nevers, le 12 août 1869.

» Mon cher Curé,

» Je suis très-heureux que vous vous trouviez
» bien sous tous les rapports dans votre nouvelle
» paroisse. Mes vœux sont exaucés et mes espé-
» rances accomplies. En vous offrant Magny-
» Lormes, je n'avais pas moins en vue votre
» consolation personnelle que le salut des âmes
» qui vous sont actuellement confiées.

» Recevez, mon cher curé, l'assurance de mon
» bien affectueux dévouement en Notre-Seigneur.

» † Augustin, *év. de Nevers.* »

La solitude, si redoutée de certaines âmes, était pour M. Bonnet pleine de charmes. *Solitudo paradisus:* « La solitude est un paradis, » écrivait saint Bernard.

Le cher curé de Magny en disait autant de la sienne. Il appelait son presbytère son cher ermitage et, lui-même, il se proclamait le plus heureux des ermites.

Le consolant spectacle de la bonne volonté, de la piété et, on peut ajouter, de la dévotion de ses paroissiens, en réjouissant son âme restaura son corps ; ses forces revinrent avec la santé. Le bon curé semblait rajeunir. « Je suis redevenu vif et » alerte comme à trente ans, » disait-il; « jamais » je ne me suis si bien porté. »

M. Bonnet se trouvait donc heureux à Magny. Cependant, il faut bien l'avouer, le bonheur dont il jouissait ne faisait point oublier au bon pasteur ceux qu'il avait quittés et qu'il aima toujours. Oh ! que de fois son cœur se reporta vers sa chère paroisse d'Urzy !

Quelqu'un lui demandait s'il pensait encore à ses anciens paroissiens.

« J'y pense tous les jours, » répondit-il. « Je » me trouve bien sans doute dans mon petit » Magny ; mais les vieux arbres transplantés, » vous le savez bien, mettent longtemps à prendre » racine. »

* * *

« Mon Dieu, » disait une âme généreuse,
« faites que je passe sur la terre sans qu'on fasse
» attention à moi. »

Ce souhait se trouvait aussi dans cette âme vraiment humble. Les dernières années de cette belle
vie qui nous restent à raconter vont s'écouler dans
le recueillement et la prière, presque dans le
silence. A la vie active du pasteur se joindra, pour
la compléter et l'élever, la vie contemplative du
religieux.

La paroisse de Magny-Lormes ne compte que
trois cents habitants. Le nouveau curé eut bientôt
passé en revue ses quatre villages : Bailly, L'Haut,
Vellerot et Montigny. Nous avons retrouvé, écrite
de sa main, la liste de tous ses paroissiens. En
parcourant ce livre des âmes, il est facile de voir
que le pasteur non-seulement connaissait le nom
de ses ouailles, mais qu'il veillait avec soin sur
elles et les aimait de tout son cœur.

Désireux par-dessus tout d'augmenter le bien
spirituel de ses enfants et de ramener au bercail
les quelques brebis qui pouvaient en être éloi-
gnées, l'abbé Bonnet procura à sa paroisse le
bienfait d'une mission.

10.

Elle s'ouvrit le premier dimanche de Carême et se termina le 15 mars 1874.

Elle fut prêchée par le R. P. Boyer, supérieur de Pontigny.

Cette mission eut un plein succès.

Le cher curé eut, cette fois, la consolation de voir tous ses paroissiens, hommes et femmes sans exception, s'approcher de la sainte table.

Aussi, le jour de la clôture, après l'émouvant discours d'adieu du prédicateur, l'heureux pasteur, ne pouvant plus contenir sa joie, laissa tomber de son cœur ému ces touchantes paroles : « C'est aujourd'hui, mes bien chers frères, un » des plus beaux jours de ma vie ; mes bons » paroissiens, vous me faites revivre en faisant ma » consolation !... » Il était littéralement radieux de bonheur.

On peut ajouter que la religieuse population de Magny conserve encore le souvenir de cette précieuse mission qui produisit, à coup sûr, de bons et excellents fruits dans ces âmes de bonne volonté.

*
* *

La perfection, sans doute, ne se trouve point ici-bas. La sainteté n'est pas encore la victoire totale et universelle ; elle est le triomphe puissamment commencé, mais encore entravé çà et là par la résistance et par les blessures que fait l'ennemi.

— Qu'est-ce que vaincre ? demandait-on à un grand capitaine.

— Vaincre, c'est avancer.

M. Bonnet eut la consolation de voir s'opérer sous ses yeux cette marche progressive dans le bien. Pendant les onze ans qu'il gouverna la paroisse de Magny, il y eut peut-être, çà et là, quelques chutes, quelques défaillances; mais nous savons que le gros de l'armée fut toujours docile aux ordres et aux avis de son capitaine.

C'est grâce sans doute à cette obéissance filiale et à cette bonne volonté persévérante que la paroisse de Magny, nous nous plaisons à le répéter, est demeurée une des plus religieuses du diocèse.

Cette marche ascendante que nous venons de constater dans les paroissiens nous apparaît aussi, toute voilée qu'elle est par l'humilité, dans la vie du pasteur.

C'est pour le prêtre surtout qu'a été dite cette parole de saint Jean : *Qui justus est, justificetur adhuc : et sanctus sanctificetur adhuc* (1) : « Que le

____

(1) Apoc., xxii, 11.

» juste devienne plus juste et le saint plus saint
» encore. »

Comment s'opéra ce travail mystérieux ? comment cette âme sainte avança-t-elle ainsi toujours « de vertus en vertus ? »

Nous répondrons que, pour se sanctifier, notre cher curé continua à cultiver les mêmes vertus que nous avons admirées dans son jardin spirituel, et à accomplir les mêmes œuvres que nous avons indiquées.

Il continua à bien faire, à faire mieux ce que doit faire un bon et saint prêtre.

Voilà, si nous ne nous trompons, tout le secret de la sanctification de M. Bonnet. Non, encore une fois, rien d'éclatant, rien d'extraordinaire dans cette vie humble et cachée.

C'est toujours la répétition des mêmes désirs et des mêmes actes.

« Une maladie des hommes de notre temps, » dit un éminent prédicateur, « c'est l'horreur des » jours qui se suivent et qui se ressemblent.

» Mais pourquoi ces répugnances insensées » contre la répétition ? Est-ce qu'elle ne constitue » pas le fond de la vie humaine ? Tous les jours, » du travail et du repos, de la nourriture et du » sommeil, commencer et finir, finir et recom- » mencer encore, voilà notre existence !

» La répétition , mais elle est si bien la loi ,
» l'expression propre des grands sentiments que
» Dieu semble n'avoir pas trouvé mieux pour
» nous manifester les siens : tous les jours, c'est le
» même soleil au firmament , tous les jours c'est
» le même sacrifice sur l'autel , tous les jours
» ce sont les mêmes sacrements aux mains de
» l'Église (1). »

Notre cher ermite obéit à cette mystérieuse et
universelle loi.

Cet homme « simple et droit » continua à
chercher et à servir Dieu dans la simplicité de
son cœur : l'oraison, le saint office, le saint
sacrifice de la messe, la visite au Saint-Sacrement, la lecture spirituelle, la récitation du chapelet, voilà les occupations très-monotones, si on
le veut, mais très-saintes et partant très-méritoires
de cet humble curé de campagne.

Aimer Dieu , le faire aimer, voilà , en d'autres
termes, le désir constant de son cœur, son œuvre
de tous les jours et son unique préoccupation.

Et sans craindre de nous répéter nous-même ,
nous dirons aussi, en terminant ce chapitre, que
les vertus chrétiennes , accompagnées des dons

---

(1) *Manrèze du Prêtre*, par le R. P. Caussette.

du Saint-Esprit, continuèrent à embellir et à embaumer cette âme aimée du ciel, et la solitude du vieil ermite, elle aussi, tressaillit joyeuse, elle s'épanouit belle et odorante comme le lis !

Exultabit solitudo, et florebit quasi lilium (1) !

____

(1) Is., xxxv, 1.

CHAPITRE XIV.

UN MOT DE LACORDAIRE. — BONTÉ, ZÈLE APOSTO-
LIQUE DE M. BONNET. — LE MAÎTRE ET LE DISCIPLE.
— L'AUTEL DE LA SAINTE-VIERGE. — LA BANQUE
DU CURÉ DE MAGNY.

*Vere magnus est qui in se parvus est
et pro nihilo omne culmen honoris
ducit.*

Celui-là est vraiment grand qui est
petit à ses propres yeux et qui compte
pour rien les honneurs du monde,

(*Imit. de J.-C.*, l. I, ch. iii, 6.)

*Non desis plorantibus in consola-
tione, et cum lugentibus ambula.*

Soyez attentif à consoler ceux qui
pleurent et marchez avec ceux qui sont
dans le deuil.   (Eccl., vii, 38.)

Domine dilexi decorem domus tuæ.

Seigneur, j'ai aimé la beauté de
votre maison.   (Ps. xxv, 8.)

« Si Platon et Socrate, » disait un jour à ses
élèves de Sorèze le P. Lacordaire, « avaient pu
» voir ce spectacle d'un homme grave, instruit,
» ami de la vraie sagesse, se renfermant dans une

» bourgade pour cultiver l'intelligence et la con-
» science de pauvres paysans, instruire leurs
» enfants, les consoler dans leurs souffrances et
» les assister dans leurs derniers combats, ils
» eussent été ravis d'admiration !

» Voilà pourtant le curé de campagne ! »

Et l'illustre Dominicain ajoutait :

« Peut-être contracte-t-il, dans ce genre de vie,
» des formes moins·nobles, moins polies; mais
» il y a sous cette âpreté de la surface autant de
» vraie politesse et de vrai dévouement que dans
» la plus fine aristocratie (1). »

Le monde, qui ne juge les hommes que d'après le poste qu'ils occupent, qui n'estime que l'éclat et la gloire bruyante, n'accorde qu'un regard de pitié à ces existences humbles et cachées, souvent plus remplies que les renommées les plus éclatantes et les plus retentissantes.

Mais aussi les pensées et les jugements du monde ne sont pas les pensées et les jugements de Dieu.

Il est écrit :

Infirma mundi elegit Deus (2). Dieu se plaît à

---

(1) *Vie du R. P. Lacordaire* par le R. P. Chocarne.
(2) I Cor., i, 26.

choisir ce qui est infirme aux yeux du monde, et
Notre-Seigneur lui-même a dit que « son Père
» céleste ne se révèle point aux prudents et aux
» sages du monde, mais aux simples et aux
» petits (1). »

En particulier, pour ce qui concerne le prêtre,
écoutons un éminent prédicateur :

« Qu'on ne l'oublie pas, » disait naguère à la
retraite pastorale de Nevers Mgr Lamothe-Tenet,
« dans l'Eglise de Jésus-Christ, il n'y a point de
» positions, il n'y a que des fonctions ! Quand le
» soleil luit au firmament, les étoiles disparais-
» sent. Oui, la dignité sacerdotale suffit à elle
» seule pour embellir et glorifier toute une vie
» d'homme.
» C'est ainsi qu'en dépit des jugements du
» monde, le plus humble curé de village sera tou-
» jours grand et très-grand, par cela seul qu'il est
» prêtre ! »

Dans ce petit coin de terre presque ignoré où la
divine Providence l'avait placé plutôt sous le bois-
seau que sur le chandelier, notre cher curé de

______

(1) Matth., xi, 25.

Magny n'a pas laissé que d'être grand, précisément parce qu'il fut toujours un prêtre très-humble, et il a brillé d'un incomparable éclat, de cet éclat qu'on appelle l'auréole de la sainteté.

Continuons à nous édifier au contact de cette âme sacerdotale qui doit trop tôt, hélas! achever son pélerinage et nous quitter.

* * *

Nous avons déjà entretenu le lecteur de la bonté de M. Bonnet; au risque de nous répéter, nous voulons y revenir.

« Oh ! qu'il était bon ! qu'il était bon ! »

Cette louange, la plus douce et la plus parfaite, à notre avis, qu'un homme puisse recevoir sur la terre, nous l'avons entendu répéter dans sa première paroisse à Montigny ; on la retrouve à Urzy, et elle lui sera décernée longtemps dans cette chère paroisse de Magny-Lormes qui reçut les dernières effusions de cette âme sacerdotale.

On ne saurait dire toutes les nuances que cette charité prenait en notre cher curé. C'était tour à tour de la tendresse, de l'indulgence, de la douceur, de la condescendance et surtout de la compassion envers les pauvres et les affligés.

*
* *

Nous voulons citer un nouveau trait de cette miséricordieuse bonté qui savait se faire toute à tous pour gagner les âmes à Jésus-Christ.

Un habitant du petit village de Montigny, Pierre P..., avait eu le malheur de perdre dans l'espace de quelques jours sa femme, encore jeune, et sa fille unique, âgée de dix-sept ans.

Le pauvre homme resta accablé sous les coups répétés de la mort.

Aucune parole amie, aucune consolation ne pouvait adoucir son chagrin.

Plongé dans une tristesse voisine du désespoir, le malheureux ne désirait plus lui-même que la mort.

Le bon curé de Magny avait essayé, mais en vain, à plusieurs reprises, d'apporter quelque soulagement à l'immense douleur de l'infortuné.

Enfin, le voyant inconsolable, il lui dit un jour : « Mais, mon cher ami, vous n'en êtes pas » encore, comme le saint homme Job, à racler le » pus de vos plaies sur un fumier (1) ! Vous

---

(1) *Qui testa saniem radebat sedens in sterquilinio* (Job., ii, 8.)

» connaissez son histoire. Allons, résignation et
» courage ! »

Qui l'aurait cru ? Cette parole, qui peut sembler étrange, était justement la parole qui convenait, le mot dont la divine Providence allait se servir pour consoler d'abord, puis pour sanctifier cette âme endolorie.

A la voix de son pasteur, le pauvre patient regarde fixement celui qui venait de lui parler ; puis, comme si la lumière eût tout-à-coup chassé les ténèbres épaisses qui enveloppaient son âme :

« Vous avez bien raison, Monsieur le Curé, » répondit-il : « vous m'avez fait du bien. »

De retour chez lui, il met aussitôt ordre à ses affaires, cède à son frère ses terres et sa maison moyennant une pension viagère, puis commence un nouveau genre de vie.

A dater de ce jour jusqu'à sa mort (nous racontons ce que tout le monde sait à Magny), cet humble paysan suivit la règle d'un religieux.

Tous les jours, dès l'*Angelus* du matin, il entrait à l'église, faisait sa prière et son chemin de la croix en attendant la messe, à laquelle il ne manqua jamais d'assister.

Puis, et c'est ici que nous retrouvons le charitable concours de notre cher curé, dans l'après-midi, notre pieux novice se rendait au presbytère pour y entendre lire la *Vie des saints*, de ces vaillants athlètes du Christ dont l'Église dit : *Omnes sancti quanta passi sunt tormenta ut securi pervenirent ad palmam martyrii :* « Tous les saints, » quels tourments n'ont-ils pas endurés pour » gagner la glorieuse palme du martyre ! »

Il y aurait ici une page émouvante à écrire.

Il faudrait pouvoir faire assister le lecteur à ces pieuses conférences qui se prolongeaient parfois au-delà d'une heure et demie, il faudrait surtout pouvoir répéter les explications pleines de condescendance, les commentaires et les fortifiants conseils dont le maître savait toujours accompagner ses récits ; les interrogations et les réflexions souvent profondes du disciple.

Il nous souvient d'avoir assisté quelquefois, en passant, à un de ces entretiens spirituels. Nous avons entendu des paroles surprenantes tomber des lèvres de ce pauvre paysan que la grâce avait transformé. Nous lui avons entendu dire des choses qui prouvaient bien que cette âme aimée de Dieu était déjà bien avancée dans le chemin de la perfection chrétienne.

La journée se terminait là où elle avait commencé, à l'église.

Le lendemain ressemblait à la veille, et ce réglement de vie cénobitique dura trois années.

Cet homme qui avait édifié la paroisse de Magny par sa grande piété et sa résignation, mourut saintement, le jour même de sa fête, le 29 juin 1877.

Si nous avons inséré cet épisode dans la vie de notre cher curé, le lecteur l'a bien compris, c'est que M. Bonnet fut évidemment le moyen dont la divine Providence se servit pour relever cette âme abattue, la diriger sûrement et la conduire peut-être à un haut degré de perfection.

Or, travailler ainsi à sanctifier une âme, s'astreindre pendant trois ans à faire tous les jours la lecture spirituelle à un paysan, n'est-ce pas, toute cachée qu'elle est, une grande et belle œuvre de zèle sacerdotal ?

N'était-ce pas aussi un fleuron de plus que notre main filiale devait respectueusement ajouter à la couronne de notre cher saint ?

Le lecteur nous permettra bien d'y ajouter une perle précieuse, une parole tombée du divin Cœur de Jésus alors qu'il enseignait la foule du haut de la montagne :

« Celui qui accomplira mes préceptes et les » enseignera, celui-là sera appelé grand dans le » royaume des cieux : »

Qui autem fecerit et docuerit, hic magnus vocabitur in regno cælorum (1).

____

(1) Matth., v, 19.

*
* *

Citons encore en passant ce nouveau trait de zèle sacerdotal : L'œil vigilant du bon pasteur sut aussi découvrir dans son humble champ quelques plantes spécialement aimées du ciel. Il les cultiva lui-même avec amour, puis une main vénérée les reçut et les transplanta dans la pépinière sacerdotale de la sainte Église.

*
* *

Ce n'est pas seulement dans la solitude de son presbytère que M. Bonnet donnait des preuves de sa compatissante bonté ; sa charité répandait aussi au dehors ses bienfaisants rayons.

Le pasteur visitait souvent, avons-nous dit, son petit troupeau, s'informant avec un soin tout paternel de ce qui pouvait intéresser chaque famille et chaque personne en particulier.

Mais c'était vers les malades surtout que le charitable samaritain savait diriger ses pas. Il s'installait de longues heures près de leur lit, aidant à leur rendre les soins du garde-malade le plus dévoué : parfois il lui arrivait d'y passer la plus grande partie de la nuit.

Puisque nous parlons de la bonté de ce père vénéré, nous ajouterons un mot, un trait qui semble caractéristique. Son cœur, comme celui des saints, était plein d'une tendresse si délicate qu'on eût pu dire, comme de celui du curé d'Ars en particulier, qu'il était liquide. Ce mot n'est pas exagéré. L'Ange de l'école l'a employé dans le même sens (1).

Oui, le cœur de ce prêtre se liquéfiait et se répandait en tendresse, en douceur, en libéralité sur tous ceux qui l'entouraient.

Cette sensibilité se traduisait souvent à l'extérieur par des larmes. Nous l'avons vu cent fois, en racontant un trait de courage et de vertu, prin-

----

(1) Voici en effet ce qu'on lit dans son *Traité des Passions*, au sujet de l'amour :

*Dicendum quod amori attribui possunt quatuor effectus scilicet : liquefactio, fruitio, languor et fervor. Inter quæ primum est liquefactio, quæ apponitur congelationi. Ea enim quæ sunt congelata in seipsis constricta sunt, ut non possint de facili subintrationem alterius pati. Ad amorem autem pertinet, quod appetitus coaptetur ad receptionem boni amati... unde cordis congelatio vel duritia est dispositio repugnans amori ; sed liquefactio importat quamdam mollificationem cordis, qua exhibet se cor habile ut amatum in ipsum subintret. (I*a*, II*æ*, q. XXVIII, a. 5.)*

cipalement en lisant la *Vie des saints*, s'arrêter presque dans sa lecture. On sentait un sanglot mal comprimé qui trahissait l'émotion de ce cœur si aimant, si facile à émouvoir, et l'on voyait les larmes mouiller ses yeux.

Les personnes qui ont eu le bonheur de vivre dans l'intimité de notre cher curé ajoutent qu'il ne sut jamais donner un démenti ni articuler un refus. Cet homme, dont le cœur était si doux et si condescendant, avait appris à mettre en pratique ce conseil de saint François de Sales : « Vivons en » ce petit pèlerinage, joyeusement selon le gré de » nos hôtes, en tout ce qui n'est pas péché. »

Il consentait à tout, hormis à ce qu'il croyait être l'erreur ou le mal. Lui aussi, durant toute sa vie, n'ouvrit la bouche que pour consoler, le cœur que pour recevoir et enserrer les douleurs d'autrui, la main que pour répandre les bénédictions et les aumônes.

C'était aux pieds de son crucifix, à genoux, devant le tabernacle, que ce cœur si bon avait médité, pour la mettre en pratique, cette parole tombée du divin Cœur de Jésus : *Discite a me, quia mitis sum, et humilis corde* (1) : « Appre-

____

(1) Matth., xi, 29.

» nez de moi que je suis doux et humble de
» cœur. »

*
* *

Puisque nous sommes entré par la pensée dans la chère église où notre bien-aimé pasteur se plaisait à descendre si souvent, nous n'en sortirons point sans nous être agenouillé au pied de l'autel de la Sainte-Vierge, de celle que l'église invoque sous le nom de Mère du bel amour : *Mater pulchræ dilectionis.*

C'est aussi pour révéler un nouveau trait de la dévotion et de la libéralité de notre cher curé.

Quand M. Bonnet vint s'installer à Magny, il eut la consolation d'y trouver une église tout nouvellement restaurée ou plutôt reconstruite en grande partie (1). Mais il manquait un autel à la sainte Vierge. Ce fut lui qui fit ériger, à ses frais, celui que l'on y voit maintenant.

Quelqu'un qui connaissait la modicité des ressources pécuniaires du pauvre curé lui deman-

---

(1) Cette restauration est due principalement à l'initiative et à la libéralité de M. le marquis de Certaines, alors maire de Magny-Lormes. — L'église de Magny-Lormes a été consacrée par Mgr Forcade, le 28 octobre 1871.

dait, un jour, comment il avait pu faire pareil don.

« Le vieux curé de Magny ! » répondit-il en souriant, « vous ne savez donc pas qu'il a » 1,200 fr. maintenant? »

On sait que le Gouvernement accorde ce traitement annuel aux desservants âgés de soixante-dix ans.

C'est ainsi que cet humble curé de campagne thésaurisait à sa manière. Il convertissait une partie de son traitement en aumônes et en bonnes œuvres. C'est ainsi qu'il plaçait à la banque du ciel !

*
* *

« Gardez-vous, » disait Jésus à ses apôtres, « d'amasser pour vous des trésors sur la terre, où » la rouille et les vers les rongent et où les voleurs » les déterrent et les dérobent.
» Mais amassez-vous des trésors dans le ciel, » où ni la rouille ni les vers ne les peuvent » manger et où il n'y a point de voleurs pour les » déterrer et les dérober (1). »

---

(1) Matth., vi, 19, 20.

Notre prudent capitaliste suivit ce précieux conseil.

Mais voici venir l'époque de l'échéance. L'heure de la récompense promise au bon et fidèle serviteur va bientôt sonner !

CHAPITRE XV.

> *Beatus ille servus, quem cum venerit Dominus ejus, invenerit sic facientem.*
>
> Heureux le serviteur que le Seigneur, au jour de sa venue, trouvera occupé ainsi (à veiller). (MATTH., XXIV, 46.)
>
> *Iste homo perfecit omnia quæ locutus est ei Deus et dixit ad eum : ingredere in requiem meam, quia te vidi justum coram me ex omnibus gentibus.*
>
> Cet homme ayant accompli tout ce que Dieu lui avait ordonné, Dieu lui dit : « Entre dans mon repos, parce que je t'ai » vu juste devant moi parmi toutes les » créatures. » (Off. Conf.)
>
> *Adveniat regnum tuum !*
> Que votre règne arrive.

C'est le cœur profondément ému que nous commençons ce dernier chapitre.

Jusqu'ici, les pages que nous avons écrites apportaient une sorte de consolation à notre deuil.

En repassant dans notre mémoire la vie si édifiante de notre cher ami, en rappelant ses vertus, en retraçant les traits touchants de sa bonté et de sa charité, il nous semblait qu'il était encore vivant au milieu de nous, conversant avec nous, nous dirigeant, comme autrefois, de ses conseils, et répandant encore sur nous tous les tendresses de son âme.

Et maintenant, il faut abandonner cette chère illusion du cœur; il faut marcher vers une tombe !.....

O mon oncle bien-aimé, est-il donc vrai qu'il faille recueillir vos dernières paroles, être témoin de vos dernières souffrances ! O père vénéré, il faudra que vos enfants vous laissent partir; il faudra nous séparer de vous, ô cœur si dévoué, si tendre et si bon !

L'édification du lecteur, voilà le seul motif qui nous encourage à rappeler ce douloureux souvenir.

*
* *

« Veillez, » disait Jésus à ses disciples, « car » vous ne savez point l'heure à laquelle votre » Seigneur viendra (1). »

---

(1) MATTH., XXIV, 42.

Toute la vie du chrétien doit être une préparation à ce divin avénement. Tous les jours de sa vie, le chrétien, le prêtre surtout, doit être prêt à répondre à l'appel de Dieu : *Estote parati !*

Cette préparation quotidienne, notre cher curé la faisait.

Oui, autant que l'infirmité humaine peut le permettre, cette âme de prêtre était prête à répondre tous les jours à son divin Maître : *Ecce ego : quia vocasti me* (1) ! « Vous m'avez appelé : » me voici. »

Cette préparation habituelle allait devenir de plus en plus parfaite à mesure que le terme du voyage approchait.

En s'avançant vers le ciel, cette âme sainte se détachait de plus en plus de la terre : sa mortification était plus grande, son union avec Dieu plus intime et sa prière surtout plus longue et plus parfaite.

Fénelon, dans ce doux et ingénieux langage qui sait donner à la vérité tant de grâce et de relief, parle de certaines faiblesses que Dieu laisse dans l'âme des parfaits, comme on laisse des monceaux de terre qu'on nomme des témoins dans un terrain qu'on a rasé, pour faire voir,

---

(1) Reg., iii, 9.

par ces restes, de quelle profondeur a été l'ouvrage de la main des hommes.

Dieu laisse aussi, dit-on, dans les grandes âmes, des témoins ou restes de ce qu'il en a ôté de misères. Mais déjà ces témoins avaient disparu chez notre saint curé.

* *

A cette dernière époque de sa vie, l'habitude de la sainteté était devenue en lui comme une seconde nature ; la pratique de toutes les vertus lui était si familière, qu'elle ne semblait plus lui coûter aucun effort ; il était pour ainsi dire transformé en Celui qui est la voie, la vérité et la vie, n'ayant plus qu'un cœur et une âme avec son divin Maître.

Ses vertus naturelles elles-mêmes paraissaient revêtir un nouveau lustre : sa gaieté, son affabilité, sa bienveillance semblaient s'accroître.

La vieillesse fut pour lui aussi clémente et douce. Cette sombre période de la vie fut, pour ainsi dire, supprimée en lui et remplacée par une fraîcheur de sentiment qui persistait sous les glaces de l'âge comme l'éternelle jeunesse de la vie bienheureuse.

M. Bonnet non plus ne connut pas cette tristesse qui fait qu'en déclinant la vie devient silencieuse.

Ses paroles, ses conversations toujours aimables rappelaient ce mot d'une femme justement célèbre, la pieuse et savante amie de Lacordaire :

« Les dernières pensées d'un cœur rempli de
» l'amour de Dieu, » dit Mme Swetchine, « ressem-
» blent aux derniers rayons du soleil, plus intenses
» et plus colorés avant de disparaître. »

Disons-le cependant, un nuage apparaissait dans le ciel pur de cette âme si limpide, il y avait une souffrance dans ce cœur si aimant.

L'amour de Dieu fait naître dans le cœur du prêtre un autre amour qui doit se trouver dans tous les cœurs vraiment catholiques : l'amour de l'Église, cette mère si vénérable et si chère des enfants de Dieu, l'épouse de Jésus-Christ, que ce divin Maître s'est acquise par son sang et dans laquelle il se survit par sa vérité, par sa parole, par sa grâce et par ses sacrements.

Or, cette Église, si justement appelée militante, cette mère est attaquée, de nos jours, par des ennemis acharnés : leur fureur inique égale leur folie.

Un cœur chrétien, une âme sacerdotale ne peut rester insensible en face des attentats qui se commettent à la fois contre la religion , la justice et la liberté.

Notre cher curé prenait vivement part à ces épreuves de l'Église : les souffrances et les angoisses de la mère devenaient celles du fils, et voilà le nuage qui parfois assombrissait cette âme sacerdotale.

Sa foi et sa confiance en Dieu ramenaient la lumière :

« Nous sommes maintenant au milieu de la » tempête, » disait-il ; « mais après l'orage c'est » le beau temps ! — Quand l'heure sera venue, le » bon Dieu saura bien ramener le calme..... — » Prions, » ajoutait-il, « prions et faisons péni- » tence. »

***

Mais déjà cette âme sainte , attirée vers le ciel , planait dans des régions supérieures. Le moment de la translation approchait.

M. Bonnet eut-il quelque connaissance de l'époque de sa mort? Nous ne saurions le prouver complétement. Mais voici ce que ses paroissiens disent :

Le premier jour de cette année 1880, en leur exprimant ses vœux et ses souhaits , le père dit à ses enfants que c'était la dernière année qu'il passait au milieu d'eux.

Son frère étant venu le voir à la fin du mois de mai, il lui dit en le quittant : « Mon frère, » nous ne nous reverrons plus sur cette terre. »

Nous connaissons deux autres traits non moins significatifs.

On remarquait aussi que M. Bonnet descendait plus souvent encore à son église, il y restait plus longtemps encore. On le trouvait tantôt en adoration en face du tabernacle, tantôt à genoux récitant son chapelet, devant l'autel de la Sainte-Vierge.

Les visites du jour ne suffisaient pas à sa piété.

« Quand, la nuit venue, l'*Angelus* du soir était » sonné, quand le vieux serviteur de l'église en » avait emporté la clé, le vieil ermite quittait » sans bruit son ermitage, il s'introduisait dans » l'église comme furtivement et y passait à prier » de longues heures de la nuit ! »

*
* *

Rien, cependant, dans la santé du vénéré pasteur ne faisait prévoir la funeste maladie qui devait avoir un dénoûment si fatal.

Le vendredi 6 août, M. Bonnet, après avoir travaillé une heure environ dans son jardin, fut pris d'un violent accès de fièvre qui dura près de vingt-quatre heures.

Le dimanche, la fièvre ayant disparu, M. Bonnet voulut, malgré son extrême faiblesse, célébrer la messe paroisiale.

Le pasteur trouva encore assez de force, pour lire l'Evangile et adresser quelques paroles à son cher troupeau déjà plein d'inquiétude.

Hélas ! c'était sa dernière instruction. Il devait cependant monter une fois encore au saint autel : ce fut le mardi 10 août, fête de saint Laurent, martyr, que notre cher curé célébra sa dernière messe !.....

Le même jour se déclara un nouvel accès de fièvre plus violent encore que le premier.

Mandé en toute hâte, un médecin de Lormes M. A. J..., qui connaissait et aimait depuis longtemps notre cher curé, vint le voir. (Il ne manqua pas depuis de venir exactement tous les jours.)

Mais, hélas ! les secours de l'art, comme ceux de l'amitié, devaient rester impuissants !

De son côté, M. le curé d'Anthien, le confesseur et l'ami dévoué de notre cher malade, était déjà accouru à la première nouvelle de sa maladie. Les bons habitants de Magny ne cessèrent de venir au presbytère pour demander des nouvelles.

Le jeudi suivant, l'état du malade inspirant de plus vives inquiétudes, M. le curé d'Anthien demanda à M. Bonnet s'il désirait recevoir le Saint-Viatique.

« Oh ! oui, bien volontiers, » répondit-il. Puis prenant la main de son ami : « O mon cher » curé ! » lui dit-il, « que je vous remercie de » votre bonté pour moi ! »

Quelques minutes après Notre-Seigneur entrait dans cet humble presbytère pour se donner à son prêtre qui ne pouvait plus aller à lui ! *Ego sum, nolite timere* (1) : « C'est moi, ne crains pas ! » disait Jésus à Pierre.

Avant de le communier, le prêtre dit au prêtre de se soumettre entièrement à la volonté du bon Dieu et de lui faire le sacrifice de sa vie pour l'Église, pour la France et pour sa paroisse.

Et le malade répondit d'une voix très distincte : « Eh bien ! oui, j'offre ma pauvre vie pour l'Église, » pour la France et pour ma chère paroisse ! »

Le prêtre prit ensuite la sainte hostie et il prononça ces paroles de la sainte liturgie : *Accipe frater, viaticum corporis D. N. J. C. qui te custodiat ab hoste maligno et perducat te in vitam æternam !*

Et Jésus reposa dans le cœur de son ami, dans ce cœur de prêtre où tant de fois il s'était plu à descendre.

M. Bonnet avait fait sa dernière communion !

______

(1) Matth., xiv, 27.

A partir de ce moment, il ne cessa de goûter un calme céleste : c'était un avant-goût des joies du paradis !.....

La nuit du vendredi au samedi fut relativement bonne : le médecin conservait l'espoir de sauver notre cher malade.

Auprès de lui on continuait à prier.

Quelqu'un lui dit : « Nous allons prier la sainte » Vierge pour vous : elle pourrait bien vous guérir » si elle le voulait ! »

« Oui, » répondit-il doucement, « mais la » sainte Vierge sait mieux que moi ce qui m'est » bon ! Oh ! quand je souffrirais un peu !..... Elle » a tant souffert pour nous au pied de la croix!..... » quand elle reçut dans ses bras le corps ina- » nimé de son cher fils, quand elle vit ses mains » et ses pieds percés de clous, son côté ouvert par » la lance !..... Oh ! oh ! qu'elle a souffert !!!

» C'est bien alors qu'elle est devenue notre » mère, *Mater dolorosa !* » Puis, après quelques instants, il ajouta : « Sa puissance est assez » grande pour sauver les restes d'Israël. »

Il dit encore à sa chère famille qui l'entourait : « Oh ! quand nous serons réunis au ciel, ce sera » pour toujours ! Oh! nous ne nous séparerons » plus ! C'est alors que nous comprendrons com- » bien le bon Dieu a été bon pour nous !..... Nous » verrons que les plus petits événements de notre

» vie étaient disposés par la divine Providence
» pour notre plus grand bien..... »

Puis il répétait, avec un accent indéfinissable,
en arrêtant son regard sur nous : « Oh ! que je
» suis heureux de vous voir tous !..... »

Le soir de cette même journée, M. le doyen de
Corbigny, M. l'abbé Michaud et M. l'aumônier
des Ursulines vinrent voir notre cher malade. —
M. le doyen de Lormes était venu dans la
matinée.

Ces visites d'amis lui firent du bien.

Le samedi soir, à la nuit, M. le marquis de
Certaines, accompagné de M. le vicomte Walsh,
se rendit au presbytère de Magny. Il voulait voir
une dernière fois ce prêtre qu'il aimait et vénérait.

M. Walsh, qui avait aussi la vénération la plus
profonde pour celui qu'il appelait le saint curé de
Magny, s'approcha du cher malade, il lui prit les
mains dans les siennes : « Au revoir, au ciel ! mon
» cher curé ! Priez pour nous, » lui dit-il au
milieu des sanglots.

Ces voix amies semblèrent le réveiller. A ce
nom du ciel la pensée de la patrie, peut-être déjà
entrevue, raviva ses forces presque éteintes. Celui
dont l'âme touchait au seuil de l'éternité fit un
effort :

Adveniat regnum tuum ! répondit-il d'une voix
ferme.

Ce fut sa dernière parole !.....

C'était l'écho de sa vie sainte.

Les deux nobles visiteurs se retirèrent les yeux pleins de larmes.....

⁎ ⁎ ⁎

Le lendemain dimanche, 15 août, l'église célébrait la fête de l'Assomption de la bienheureuse vierge Marie.

Au ciel les anges et les saints chantaient les louanges de leur Reine.

Et l'Église de la terre, unissant ses cantiques aux harmonies du ciel, avait chanté à l'*Introït* de la messe :

« *Gaudeamus omnes !* Réjouissons-nous tous en
» célébrant ce jour de fête, consacré à honorer la
» bienheureuse vierge Marie, de l'Assomption de
» laquelle les anges se réjouissent et louent en-
» semble le Fils de Dieu ! »

Ce jour de fête devait être un jour de deuil et de larmes pour la paroisse de Magny et pour nous tous !

Le matin, vers huit heures, notre bien-aimé père avait reçu le sacrement de l'Extrême-Onction et l'indulgence plénière que lui donna M. le curé d'Anthien.

Il est écrit :

« Les âmes des justes sont dans la main de
» Dieu et le tourment de la mort ne les touchera
» point (1). »

Il en fut ainsi pour l'âme de ce juste. Elle resta
jusqu'à la fin reposant dans la paix du Seigneur.

A trois heures, on crut qu'il était temps de
commencer les saintes prières des agonisants.
Ce fut une personne tendrement aimée de notre
cher curé, sa nièce, qui lui rendit ce devoir sacré
de la piété filiale.

Elle récita les litanies des saints. Mais quand
il fallut prononcer la parole de la séparation :
« Partez de ce monde, âme chrétienne, » l'enfant
n'eut pas le courage de dire le mot de l'adieu !.....
elle s'arrêta.

A ce moment notre bien-aimé ouvrit les yeux :
il regarda doucement le ciel, puis un soupir, un
seul, s'échappa de ses lèvres !..... Son âme s'était
envolée dans le sein de Dieu !.....

La paroisse de Magny avait perdu son pasteur
et son père, et nous le plus cher, le plus précieux
des amis !.....

____

(1) Sagesse, iii, 1.

Il était trois heures et demie.....

C'était le moment où dans les églises on chantait cette antienne de *Magnificat* :

« Aujourd'hui la vierge Marie est montée aux
» cieux. Réjouissez-vous, parce qu'elle règne à
» jamais avec le Christ !..... »

La pensée que notre bien-aimé fut aussi associé à ce royal triomphe est la seule consolation qui puisse adoucir notre douleur.

. . . .

Ainsi donc, celui qui, à quarante-sept ans d'intervalle, avait commencé son ministère apostolique le jour même de l'Assomption de la sainte Vierge, finissait, le même jour, sa carrière sacerdotale.

Cette mystérieuse coïncidence et ces rapports touchants ne sont-ils pas remarquables et consolants ?

La voix unanime de la paroisse s'éleva aussi pour proclamer que c'était bien ce jour-là que le cher saint devait partir.

Le corps du vénéré défunt fut revêtu des vêtements sacerdotaux : la soutane et le surplis. — Ce fut M. le curé d'Anthien qui lui rendit ce douloureux devoir de l'amitié.

La chambre mortuaire fut transformée en chapelle ardente.....

Nous affirmons, à la louange des bons habitants de Magny, que tous, les vieillards, les jeunes gens, les femmes et les enfants, vinrent s'agenouiller devant les restes mortels de celui qu'ils appelaient leur père, leur bien-aimé pasteur, leur cher saint.

On lui faisait toucher des médailles, des chapelets et des images.

Les petits enfants aimaient à regarder ce visage souriant, où l'âme avait laissé une lumineuse empreinte de paix et de bonheur indéfinissables.

A la tête du lit funèbre se trouvait placée la statue de la sainte Vierge.

Elle semblait contempler avec amour son dévoué serviteur endormi à ses pieds. Il nous semblait l'entendre nous répéter les paroles du cantique de l'épouse :

« Mon bien-aimé est à moi et moi je suis à lui. »

Elle semblait nous dire : « Ne pleurez pas » comme ceux qui n'ont pas d'espérance.
» C'est moi qui l'ai appelé ! »

. . . .

Le jour des funérailles fut fixé au mardi 17 août.

« Vingt-cinq ecclésiastiques, » raconte la *Semaine religieuse* du diocèse de Nevers, « parmi

» lesquels il convient de citer : MM. les doyens
» de Corbigny et de Lormes ; MM. Michaud et
» Bachelier, chanoines honoraires de Nevers,
» toute la population de Magny, les familles de
» Certaines et Faulquier, un nombreux concours
» des paroisses voisines, assistaient à la cérémonie
» funèbre...

» Avant l'absoute, M. l'abbé Cointe, doyen de
» Corbigny, reproduisit, au milieu de l'émotion
» générale, en termes aussi simples que vrais, les
» traits caractéristiques de la vie sacerdotale de
» celui que toute la contrée regardait comme un
» saint. »

Voici cette remarquable allocution :

« MES CHERS FRÈRES,

» La triste cérémonie qui nous réunit en ce
» moment a pour but de rendre les honneurs
» funèbres à la dépouille mortelle de M. l'abbé
» Jean-Baptiste Bonnet, curé de cette paroisse.

» Avant que les prières liturgiques ne s'achè-
» vent, avant que la tombe ne se ferme sur le
» corps de ce cher et vénéré défunt, permettez-
» moi de payer un tribut d'éloges à sa mémoire.

» Personne ici ne me contredira si je dis que
» M. l'abbé Bonnet fut un prêtre selon le cœur de

» Dieu et selon le vœu de l'Église, c'est-à-dire un
» saint prêtre dans toute l'étendue du mot.

» Dès les premières années de son séminaire il
» faisait pressentir ce qu'il serait un jour ; et ceux
» qui l'ont connu se rappellent encore le sérieux
» de ses conversations, son assiduité à la prière,
» son amour pour le travail, son esprit de péni-
» tence et de mortification, sa fidélité à la règle et
» sa charité pleine de condescendance pour ses
» condisciples. Dès ce moment on l'appelait le
» *saint* du séminaire.

» Dans le cours de sa longue carrière sacerdo-
» tale il ne s'est jamais démenti, et on a vu se
» réaliser dans sa personne cette sentence de nos
» livres saints : *Le juste est comme le soleil levant,*
» *il brille à son horizon, et sa splendeur va gran-*
» *dissant jusqu'au milieu du jour.* La paroisse de
» Montigny-aux-Amognes qui eut les prémices
» de son sacerdoce, la paroisse d'Urzy qui en eut
» la maturité, la paroisse de Magny, où il déploya
» un zèle que les glaces de l'âge n'ont pu ralentir,
» sont là pour témoigner de la sainteté de ce
» bon prêtre dont nous déplorons aujourd'hui la
» perte.

» La sainteté, comme vous le savez, est un
» ensemble de vertus : l'homme qui les possède
» devient un être à part au milieu de ses sem-
» blables. Pour être saint, il ne suffit donc pas de

» briller par telle ou telle vertu, il faut exceller
» dans toutes, du moins autant que la fragilité
» humaine peut le permettre.

» Eh bien ! mes frères, je puis dire sans témé-
» rité que M. l'abbé Bonnet eut cet ensemble de
» vertus qui réalise, à nos yeux, l'idéal de la
» sainteté sacerdotale. Trois choses, en effet,
» résument cet idéal : le mépris de soi-même,
» l'amour de Dieu et l'amour du prochain. Je
» n'hésite pas à le proclamer devant cet audi-
» toire, quiconque a connu M. l'abbé Bonnet a
» remarqué en lui ce triple caractère de la
» sainteté.

» Humble et modeste dans ses goûts, il cher-
» chait toujours à s'effacer ; il ne comprenait pas
» qu'il pouvait être l'objet d'une attention. S'il
» tenait à l'estime de ses paroissiens, c'est qu'il la
» jugeait nécessaire pour leur faire du bien. Mais
» le désir de ce qu'on appelle la popularité n'ef-
» fleura jamais son âme.

» Du mépris de sa personne naissait en lui une
» vertu que le monde peut estimer, mais qu'il ne
» pratique guère : je veux dire la mortification
» corporelle. Son visage, où respirait l'énergie de
» sa volonté, portait, avec l'empreinte de la bonté,
» les marques d'une vie austère et trahissait des
» habitudes de pénitence.

» De nos jours, un homme a paru qui a fixé

» l'attention du monde par la sainteté et l'austé-
» rité de sa vie : c'est le vénérable curé d'Ars.
» Dites-moi, tous ceux qui ont vu M. l'abbé
» Vianney et qui ont connu M. l'abbé Bonnet,
» n'ont-ils pas fait un rapprochement entre ces
» deux hommes ? et leur ressemblance physique
» n'était-elle pas l'indice d'une certaine ressem-
» blance morale ? Mais le mépris de soi-même ne
» fait pas seul la sainteté : une autre condition
» est nécessaire : c'est l'amour de Dieu.

» Si, au témoignage des maîtres de la vie spiri-
» tuelle, l'amour de Dieu dans le chrétien est en
» raison directe de la haine qu'il a pour lui-
» même, ne devons-nous pas conclure que
» l'amour de Dieu était grand dans le cœur du
» vénérable abbé Bonnet ? Ah ! chez lui, quel
» zèle pour la gloire de Dieu ! Le faire connaître
» et le faire aimer était le but de tous ses efforts.
» Dites-moi, bons habitants de Magny, toutes les
» fois qu'il rencontrait vos enfants ne leur parlait-
» il pas du bon Dieu ? ne leur demandait-il pas
» s'ils savaient bien leurs prières ? Toutes les fois
» qu'il allait vous visiter dans vos maisons, vous
» quittait-il sans vous avoir recommandé de servir
» Dieu et de le faire servir par ceux qui vous
» entourent ? Ah ! chez lui, la bouche parlait de
» l'abondance du cœur, il parlait de ce qu'il
» aimait.

» A cette première marque de son amour pour
» Dieu il joignait celle-ci, qui ne fait jamais défaut
» dans les saints : la douleur que l'on ressent à la
» vue des offenses dont Dieu est l'objet. Or, mes
» frères, qui a jamais senti plus vivement ces
» offenses que M. l'abbé Bonnet, surtout quand
» elles partaient de ceux dont il répondait devant
» Dieu ? Que de gémissements, que d'amer-
» tume dans son âme, au souvenir des outrages
» qui s'adressaient à la Majesté divine ! Que de
» fois il a dit avec le Roi-Prophète : *Tabescere me*
» *fecit zelus meus quia obliti sunt verba tua*:
« L'ardeur de mon zèle *me consume*, parce qu'ils
» ont oublié votre loi, Seigneur. »

» Mais le cachet suprême de l'amour de Dieu,
» c'est la souffrance ; c'est au creuset de la tribu-
» lation que Dieu connaît ses vrais amis; c'est
» aussi dans sa dernière maladie que votre vénéré
» pasteur a donné à Dieu la meilleure preuve de
» son amour. Ceux qui l'ont vu sur son lit de
» douleur n'oublieront jamais les sentiments de
» résignation dont il était pénétré. Il souffrait
» cruellement, mais pas une plainte n'est montée
» de son cœur à ses lèvres. On n'entendait sortir
» de sa bouche que ces paroles : « Dieu sait mieux
» que moi ce qui m'est utile. Si je souffre, Notre-
» Seigneur a souffert davantage. » Ces réflexions
» étaient accompagnées d'invocations à la sainte

— 213 —

» Vierge : *Mater dolorosa, ora pro nobis :* « Mère
» de douleurs, priez pour nous. » C'est sans doute
» à l'effet de cette prière qu'il doit d'avoir quitté la
» terre le jour où la Mère de Dieu était montée au
» ciel.

» Eh bien, mes frères, je vous le demande,
» quand une vie est marquée d'une telle empreinte,
» n'est-on pas en droit de dire qu'elle fut celle
» d'un saint prêtre ?

» Mais l'amour de Dieu est inséparable de
» l'amour du prochain, et le cœur de votre pas-
» teur fut assez large pour contenir ces deux
» amours. Pendant les onze années qu'il a passées
» au milieu de vous, vous n'avez pas eu de meil-
» leur ami que lui. Assurément, il n'était pas
» insensible à vos intérêts temporels ; mais ce qui
» le préoccupait avant tout, c'étaient vos intérêts
» spirituels, ce qu'il aimait en vous, c'étaient vos
» âmes, *da mihi animas, cætera tolle tibi.* Il en
» avait la charge devant Dieu, et ce fardeau,
» redoutable aux anges mêmes, il en sentait tout
» le poids. De là, cette application constante à
» catéchiser vos enfants et à vous annoncer la
» parole de Dieu ; de là, ces exhortations en public
» et en particulier, *publice et per domos,* ces visites
» fréquentes auprès des malades, tant il craignait
» qu'aucun ne mourût sans avoir reçu les secours
» de la religion.

» Là ne se bornait pas encore sa sollicitude
» pour vous ; il n'ignorait pas que si le pasteur
» d'une paroisse sème et arrose, c'est Dieu qui
» donne l'accroissement. Aussi lui adressait-il de
» ferventes prières pour la conversion, la sancti-
» fication et la persévérance de vos âmes.

» Ici, mes frères, je dois vous révéler un fait,
» ou plutôt une série de faits inconnus des hom-
» mes ; je n'en suis instruit moi-même que depuis
» deux jours. Ils vous diront mieux que toutes
» mes paroles combien votre pasteur vous aimait.
» Quand, après le travail de la journée, vous
» étiez rentrés dans vos maisons, quand, la nuit
» venue, vous commenciez à vous livrer au som-
» meil, quand l'*Angelus* du soir était sonné et que
» le vieux serviteur de l'église en avait emporté la
» clé chez lui, savez-vous ce que faisait votre saint
» curé ? Il s'introduisait dans l'église comme fur-
» tivement, à la faveur des ténèbres, et y passait
» en prière de longues heures de la nuit. Age-
» nouillé ici, entre le vestibule et l'autel, il inter-
» cédait pour vous, il répétait, dans l'ardeur de
» son amour, ces paroles du Prophète : *Parce,*
» *Domine, parce populo tuo, ne in æternum iras-*
» *caris nobis.* Et c'est sans doute à ces nom-
» breuses intercessions que la paroisse de Magny
» doit d'être encore ce qu'elle est sous le rapport
» religieux. Remerciez donc Dieu de vous avoir

» donné un tel pasteur, et demandez-lui d'en
» continuer la chaîne.

» Quoi qu'il en soit, mes frères, comme le Dieu
» de toute sainteté trouve des taches dans la
» pureté même des anges, quelque sainte qu'ait
» été la vie du vénéré pasteur que vous perdez, ne
» laissons pas de prier tous pour lui et deman-
» dons au Seigneur qu'il daigne hâter pour son
» âme le moment de son entrée dans le séjour des
» bienheureux. »

Après l'absoute, le corps, accompagné de la
blanche couronne des prêtres, fut porté au cimetière qui entoure l'église.

C'est là, au pied de la croix, que reposent les
restes de notre bien-aimé.

Près de la fosse entr'ouverte le clergé entonna
un dernier chant, une dernière prière à Marie :
Salve Regina!.....

« Salut, ô Reine, Mère de miséricorde, notre
» espérance, salut!.....

» Nous qui restons exilés sur la terre, nous
» pleurons et nous gémissons dans cette vallée de
» larmes!.....

» O Mère! après les jours de l'exil, obtenez-nous
» la grâce de vous voir, vous, votre Jésus et
» celui que nous pleurons!..... »

Et maintenant, ô père, ô ami, adieu !!! Près de votre tombe chérie nous reviendrons prier aussi souvent que nous le pourrons.....

Notre consolation sera de méditer sur vos vertus, en demandant à Dieu de marcher sur vos traces bénies !

Oh ! que je serais heureux et honoré, — si la divine Providence m'en faisait la grâce, — d'aller mourir là où vous êtes mort, pour avoir le bonheur de reposer près de vous !!

QUELQUES TÉMOIGNAGES.

Nous avons reçu plus de soixante lettres qui
parlent de notre cher défunt, qui rendent hom-
mage à ses vertus et qui témoignent toutes de
l'estime et de la vénération dont il était entouré.

Nous pensons faire plaisir au lecteur en citant
quelques extraits :

ÉVÊCHÉ
DE NEVERS.

« Nevers, le 16 août 1880.

» Je viens d'apprendre la triste nouvelle : je
» m'unis de cœur à votre peine et à vos prières
» en faveur de cette chère âme. Sa vie sur cette
» terre nous donne toute espérance pour son éter-
» nité.....

» Croyez, etc.....

» † ÉTIENNE, *év. de Nevers.* »

13

.[*].

ARCHEVÊCHÉ
D'AIX,
ARLES ET EMBRUN.
—
« Aix, le 5 octobre 1880.

» Mon cher Curé,

» Votre vieil oncle était tout particulièrement
» l'objet de mon affection et de mon estime. C'est
» que je reconnaissais en lui, sous un type devenu
» trop rare de nos jours, tous les traits du bon
» pasteur. J'ai la ferme espérance qu'il a déjà
» reçu sa récompense. Cependant je ne manquerai
» pas de recommander son âme à Dieu.

» Recevez, etc.....

» † AUGUSTIN, *arch. d'Aix.* »

.[*].

ÉVÊCHÉ
DE TROYES.
—
« Troyes, 4 octobre 1880.

» Mon cher Abbé,

» Merci du souvenir que vous m'envoyez du
» *bon vieux saint de Magny* : nous ne le nom-
» mions jamais autrement quand nous parlions
» de lui. Et nous disions vrai ; c'était un saint,
» et un saint de bon aloi.

» Envoyez-moi votre notice dès que vous
» l'aurez faite.

» Je vous bénis tous de tout mon cœur.

» † PIERRE, *év. de Troyes.* »

* * *

Le vénéré supérieur du petit séminaire de
Pignelin daignait aussi nous écrire la lettre suivante toute partie de son cœur :

« Saint-Honoré-les-Bains, le 18 août 1880.

» Je suis avec vous par le cœur, par la douleur
» la plus vive en ces jours de si grand deuil pour
» vous. Cher et vénérable M. Bonnet, combien
» je bénis Dieu de m'avoir donné une part à son
» amitié ! et combien je l'ai prié depuis la triste
» nouvelle ! Demain j'offrirai pourtant le saint
» sacrifice pour lui.

» Prenons exemple sur ce prêtre si saint, ren-
» dons notre vie semblable à la sienne ! Mourir le
» jour de l'Assomption, c'est là un trait de ten-
» dresse maternelle de la très-sainte Vierge envers
» son dévot serviteur.

» A. BENOIST, *supérieur de Pignelin.* »

***

Une supérieure de communauté écrit :

« La mémoire de votre saint oncle sera toujours
» en vénération parmi nous..... Nous avons la
» confiance que ce vénéré défunt jouit maintenant
» de la récompense acquise par son zèle tout
» dévoué, en la compagnie des bienheureux
» apôtres..... »

***

Un vénérable chanoine de Nevers qui autrefois
avait connu intimement notre cher défunt alors
qu'il était curé d'Urzy :

« CHER MONSIEUR LE CURÉ,

» J'apprends la grande perte que nous venons
» de faire en la personne de votre vénérable oncle.
» Je m'empresse de vous offrir le témoignage de
» nos regrets. Ils sont, à coup sûr, partagés par
» tous ceux qui ont connu le saint curé de
» Magny.
» Je ne doute pas que bien des cœurs à Urzy ne
» se soient unis à vous dans cette douloureuse
» circonstance.
» Personnellement j'avais conservé pour votre

» bon oncle un attachement égal à mon estime.
» C'était bien le saint prêtre, et M. le doyen de
» Corbigny n'a fait que rendre le sentiment uni-
» versel dans la touchante allocution qu'il a
» prononcée à son enterrement.

» Il serait à désirer que nous eussions un récit
» de la vie de M. Bonnet. Rien ne saurait être
» plus édifiant et plus utile.....

» J'ai dit, ce matin, la messe pour votre bon
» oncle. Je ne l'oublierai pas au saint autel quoi-
» que je sois bien plus tenté de le prier que de
» prier pour lui. »

*
* *

Un vénérable doyen, condisciple de notre cher
défunt, écrit à son tour :

« Mon cher Confrère,

» Je vous suis on ne peut plus reconnaissant
» de la délicate attention que vous avez eue de
» m'envoyez la belle image destinée à me rappeler
» le si bon souvenir de mon très-cher et vieil ami,
» votre oncle.

» Le cher abbé Bonnet était un prédestiné. Il
» nous laisse les exemples d'une vie vraiment
» sacerdotale dans la force du mot, et je suis heu-
» reux de l'avoir connu intimement. Quoique nos

» relations ne fussent pas suivies, nous aimions
» à nous rencontrer et à nous rappeler que nous
» étions compatriotes et condisciples et toujours
» unis par les liens de la plus cordiale confra-
» ternité.....

» Oui, que notre mort ressemble à la sienne ! »

*
* *

Un autre doyen :

« MON CHER CONFRÈRE,

» Je vous remercie du souvenir que vous avez
» bien voulu m'adresser. Il m'a fait plaisir et je
» le conserverai précieusement.

» Oui, je connaissais beaucoup votre cher
» défunt. J'avais pour lui non pas seulement une
» haute estime, mais une véritable vénération.
» Aussi, quoiqu'il occupe une place toute spéciale
» dans mes prières, je vous l'avoue, je serais
» bien plutôt porté à l'invoquer..... »

*
* *

Un autre doyen :

« MONSIEUR LE CURÉ,

» Merci de la bonne attention que vous avez
» eue de m'envoyer un souvenir du bon, de

» l'excellent, du saint curé de Magny. Vous ne
» pouvez, me faire un plus grand plaisir et vous
» pouviez, à juste titre, me considérer comme un
» de ses meilleurs amis.

» Personne ne l'a mieux connu ni mieux appré-
» cié que moi, et je ne doute pas qu'il soit aujour-
» d'hui dans le sein de Dieu. Il l'a trop bien servi
» pendant qu'il était sur la terre pour ne pas
» jouir de sa présence dans le ciel..... »

*
* *

Voici une autre lettre partie aussi tout entière
du cœur :

» CHER MONSIEUR LE CURÉ,

» Je vous remercie du précieux souvenir de
» votre saint oncle.

» Je l'aimais beaucoup et je l'aime toujours ;
» je prie pour lui, et tous les dimanches je le
» recommande aux prières de mes bons parois-
» siens.

» Vous avez fait une grande perte, cher Mon-
» sieur le Curé, en perdant un saint, et le diocèse
» a perdu son curé d'Ars.

» Dieu l'a retiré de la terre pour en orner son
» paradis..... »

.*.

Un autre curé nous écrit à peu près dans les mêmes termes :

» Mon cher Ami,

» Vous ne vous trompez pas en disant que
» j'aimais votre cher oncle. J'avais pour cet autre
» curé d'Ars un véritable culte. En disant pour lui
» la sainte messe, je me demandais si je ne devais
» pas l'invoquer au lieu de prier pour le repos de
» son âme. »

.*.

Citons aussi un extrait de cette belle lettre qui renferme des sentiments si délicats et si compatissants.

« Mon cher Ami,

» Je vous remercie de tout mon cœur du
» souvenir que vous m'envoyez de votre cher
» oncle, le vénérable et saint curé de Magny-
» Lormes.
» Sa mort, sans doute, a été pour vous et les

» vôtres une rude épreuve ; mais aussi quelle
» consolation de. penser que vous avez dans le
» ciel un protecteur de plus ! Il fut sur la terre un
» autre curé d'Ars, et ce n'est pas témérité de dire
» que ce fut par une faveur toute spéciale qu'il a
» été appelé au ciel le jour de l'Assomption et
» associé ainsi au triomphe de la très-sainte
» Vierge.

» Quelle leçon pour nous, prêtres, que cette vie
» si éminemment sacerdotale et si bien remplie !
» Ah ! combien aussi il faudrait de semblables
» ouvriers apostoliques dans les temps où nous
» vivons !.....

» Adieu, mon cher ami, et croyez-moi toujours
» votre tout affectueusement dévoué en Notre-
» Seigneur. »

*
* *

Un autre curé, qui fut autrefois voisin de notre
cher défunt, écrit à son tour :

« MON CHER CONFRÈRE,

» Je puis dire en toute vérité que votre excel-
» lent oncle était tout en Dieu, qu'il a toujours
» retracé à mes yeux les vertus d'un autre âge.
» Quel détachement des choses de ce monde et des

» compagnies mondaines ! Quelle charité pour
» ses confrères ! Il se plaisait surtout à l'autel.

» Merci, mon cher curé, de ce que vous voulez
» bien m'associer à votre douleur ; je mêle mes
» larmes à vos larmes. »

*
* *

Une pieuse dame des environs de Nevers, qui depuis longtemps connaissait et vénérait notre cher curé, écrit :

« Mon cher Monsieur,

» Je vous suis infiniment reconnaissante d'avoir
» eu la bonne pensée de m'adresser une image en
» souvenir de votre saint et respectable oncle.

» Je n'avais pas cependant besoin qu'il me fût
» rappelé : j'avais trop d'estime et de vénération
» pour lui, et je ne saurais l'oublier ; il est vrai
» que je suis intimement persuadée qu'il n'a pas
» besoin de nos prières, et que du séjour de la
» récompense il prie pour ceux qu'il aimait sur la
» terre et qu'il a tant soutenus et édifiés par
» l'exemple de ses vertus. »

. . . .

*
* *

Une autre dame, ancienne paroissienne du cher défunt alors qu'il était curé d'Urzy, nous écrit de Paris :

« Monsieur le Curé,

« La mort de notre ancien bon curé m'a fait la
» plus grande peine, ainsi qu'à toute ma famille.
» Votre lettre a mémorisé notre chagrin et en
» même temps nous a fait plaisir, parce que vous
» avez pensé à nous.

» Croyez, Monsieur le Curé, que nous n'oublie-
» rons pas votre cher et excellent oncle qui a tant
» de droit à notre souvenir. »

. . . .

*
* *

Un ingénieur de la marine :

« Monsieur le Curé,

» J'ai reçu, il y a quelques jours, le précieux
» souvenir que vous avez bien voulu m'adresser

» pour me rappeler le cher saint que je pleure
» avec vous.

» J'ai été infiniment touché de cette délicate
» attention, et je vous prie d'en agréer tous mes
» remerciements..... »

* * *

Un châtelain des environs de Magny :

« Monsieur le Curé,

» La lettre contenant les souvenirs de votre
» saint et regretté oncle est arrivée chez moi pen-
» dant que j'étais à Paris avec toute ma famille.
» Je vous adresse aujourd'hui tous mes remercie-
» ments, en vous assurant que je n'oublierai
» jamais la mémoire de ce saint et vénérable
» prêtre ; bien loin de l'oublier, je l'invoquerai
» comme un médiateur que je crois puissant
» près du bon Dieu. Son souvenir ne périra pas
» parmi nous..... »

* * *

Il nous reste plus de quarante lettres dont
nous n'avons pas parlé et qui expriment les
mêmes sentiments de respect et de vénération
pour notre cher saint.

Citons cependant, en terminant, cet extrait d'une lettre d'un brave capitaine de cavalerie :

   » Mon cher Abbé,

   » Je vous suis très-reconnaissant de la bonne
» pensée que vous avez eue de m'envoyer une
» image me rappelant le souvenir de ce brave,
» de cet excellent cœur que nous avons aimé et
» que nous aimerons toujours.....
   » Croyez bien que son souvenir nous est tou-
» jours présent : nous ne pouvons oublier l'ami
» de nos vingt premières années.

   » Veuillez être bien assuré, mon cher abbé,
» de mes sentiments affectueux.

               » H. DE M*** »

APPENDICE.

O père vénéré, avant de finir cet humble livre
où la main filiale de votre enfant a reproduit bien
imparfaitement quelques traits de votre belle âme,
je veux encore écrire deux paroles : la première
à votre louange et pour la consolation de ceux qui
vous ont aimé sur la terre et que vous chérissiez
si tendrement :

*Pretiosa in conspectu Domini mors sanctorum
ejus !* « La mort des saints est précieuse devant le
» Seigneur. »

C'est cette parole, douce à méditer, que nous
offrons, comme un pieux souvenir, aux lecteurs
dont le cœur ami a parcouru ces pages. En nous
consolant, cette parole nous aidera à marcher sur
vos traces.

L'autre mot que je veux écrire en finissant sera
le mot qui s'est échappé de vos lèvres expirantes :

Adveniat regnum tuum !

« Que votre règne arrive ! »

Cette prière quotidienne, du chrétien, cette devise sacerdotale, il fait bon la répéter ici.

Oui, en ces jours de terribles angoisses, où le flot de l'impiété monte de plus en plus, à ce moment où retentissent dans l'air de sinistres clameurs, en ces temps bouleversés où les ennemis de l'Eglise ne cessent de blasphémer contre Dieu et son Christ, en répétant le cri de l'orgueil et de la rébellion : *Nolumus hunc regnare super nos !* « Non nous ne voulons point que le Christ » règne sur nous ! »

A cette heure de ténèbres et d'orages, à la veille peut-être d'effroyables châtiments, il est doux et il fait bon de nous recueillir et de tourner nos regards vers le ciel, en répétant, de toute notre âme, cette parole d'un pauvre curé de campagne, ce dernier cri d'amour qui fut l'écho de sa vie sainte, le dernier soupir de son cœur expirant, le dernier mot qui finira cette dernière page :

« Ah ! que plutôt le règne de Dieu arrive ! ».
Adveniat regnum tuum !

Nevers, Imp. Fay. G. Vallière, succr

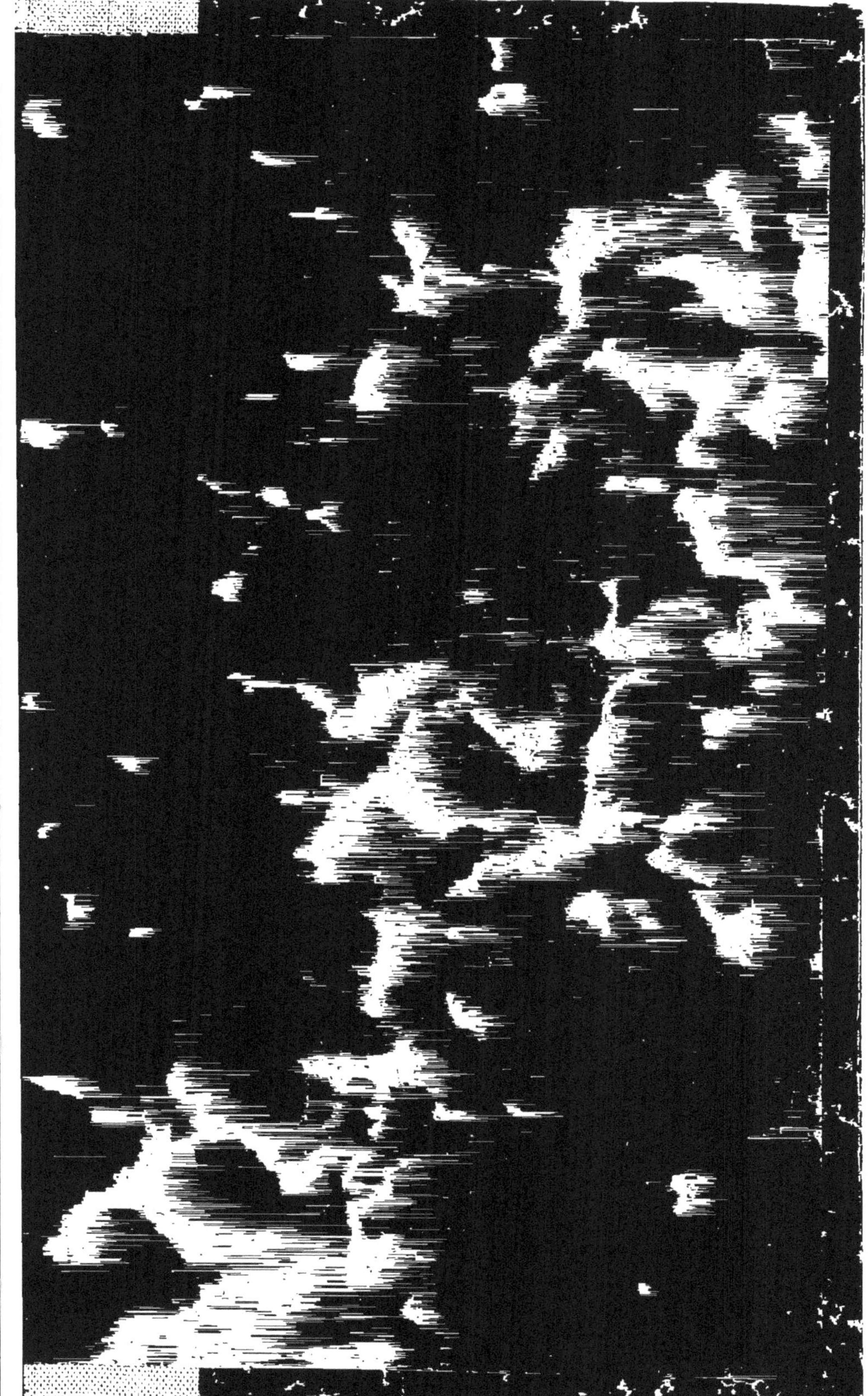

www.ingramcontent.com/pod-product-compliance
Ingram Content Group UK Ltd.
Pitfield, Milton Keynes, MK11 3LW, UK
UKHW021511090726
13657UKWH00001B/175